Dr. Christina Heiligensetzer, Katharina Gotsch

Bildvorlagen für multikulturelle Schülergespräche

Visualisierte Verständigungshilfen mit Textbausteinen in Türkisch, Arabisch, Farsi und Rumänisch

Die Autorinnen

Dr. Christina Heiligensetzer entwickelt federführend zusammen mit dem Verein Bild und Sprache e. V. seit über zehn Jahren bebilderte mehrsprachige Verständigungshilfen. Seit einigen Jahren hat sie auf vielfachen Wunsch das Spektrum um die bildgestützten multilingualen Elterngespräche erweitert und arbeitete hierzu sowohl mit Elterngruppen mit Migrationshintergrund als auch Pädagogen und Integrationszentren zusammen.

Katharina Gotsch studierte in Tübingen, Göttingen und Turku (Finnland) Germanistik und Finnougristik. Nach einigen Jahren im Verlagswesen ist sie nun als Lehrerin für Deutsch als Fremdsprache in der Erwachsenenbildung tätig.

Gedruckt auf umweltbewusst gefertigtem, chlorfrei gebleichtem und alterungsbeständigem Papier.

1. Auflage 2018
© 2018 Persen Verlag, Hamburg
AAP Lehrerfachverlage GmbH
Alle Rechte vorbehalten.

Das Werk als Ganzes sowie in seinen Teilen unterliegt dem deutschen Urheberrecht. Der Erwerber des Werkes ist berechtigt, das Werk als Ganzes oder in seinen Teilen für den eigenen Gebrauch und den Einsatz im Unterricht zu nutzen. Die Nutzung ist nur für den genannten Zweck gestattet, nicht jedoch für einen weiteren kommerziellen Gebrauch, für die Weiterleitung an Dritte oder für die Veröffentlichung im Internet oder in Intranets. Eine über den genannten Zweck hinausgehende Nutzung bedarf in jedem Fall der vorherigen schriftlichen Zustimmung des Verlages.

Sind Internetadressen in diesem Werk angegeben, wurden diese vom Verlag sorgfältig geprüft. Da wir auf die externen Seiten weder inhaltliche noch gestalterische Einflussmöglichkeiten haben, können wir nicht garantieren, dass die Inhalte zu einem späteren Zeitpunkt noch dieselben sind wie zum Zeitpunkt der Drucklegung. Der Persen Verlag übernimmt deshalb keine Gewähr für die Aktualität und den Inhalt dieser Internetseiten oder solcher, die mit ihnen verlinkt sind, und schließt jegliche Haftung aus.

Die in diesem Werk gemachten Angaben und Übersetzungen sind gewissenhaft geprüft worden. Für etwaige Übersetzungsfehler oder entstehende Missverständnisse übernehmen wir keinerlei Haftung.

Covergrafik: Eugenio Romero Gómez
Illustrationen: Katja Rau
Satz: Satzpunkt Ursula Ewert GmbH, Bayreuth

ISBN: 978-3-403-20200-4

www.persen.de

Inhaltsverzeichnis

Hinweise / Vorwort 4

1 | **Die Welt** | Dünya | دنيا | العالم | Lumea 6

2 | **Das Schuljahr** | Okul Yılı | سال تحصیلی ۲ | العام الدراسي | Anul școlar 7

3 | **Das Schulteam** | Okul Ekibi | فريق المدرسة | تیم مدرسه۱ | Echipa școlii 10

4 | **Der Schulweg** | Okul Yolu | الطريق الى المدرسة | راه مدرسه۴ | Drumul spre școală 12

5 | **Radfahrtraining** | Temel bisiklet sürme teknikleri | التدريب على قيادة الدراجات | آموزش دوچرخه سواری |
Instruire pentru mersul pe bicicletă 18

6 | **Schulranzen und Materialien** | Okul sırt çantası ve okul malzemeleri | الحقائب والمواد المدرسية |
کیف مدرسه و وسایل | Ghiozdane și materiale 21

7 | **Schulfächer und Noten** | Dersler ve Notlar | المواد المدرسية والدرجات | درس های مدسه و نمره ها |
Materii școlare și note 24

8 | **Unterrichtsorganisation** | Ders organizasyonu | تنظيم الدروس | نظم و انضباطِ کلاس درس | Organizarea orelor 27

9 | **Im Sportunterricht** | Spor dersinde | في درس الرياضة | در کلاس ورزش | La ora de sport 33

10 | **Im Schwimmunterricht** | Yüzme dersinde | في درس السباحة | در کلاس شنا | La ora de înot 40

11 | **In der Pause** | Teneffüste | في الاستراحة | به هنگام زنگ تفریح | În pauză 45

12 | **Ganztag** | Tam gün okul | دوام مدرسي طوال اليوم | تمام روز۱۸ | Școală cu program prelungit 47

13 | **Bei Feueralarm** | Yangın alarmı verildiğinde | في حالة إنذار الحريق | به هنگام آژیر هشدار آتش |
În cazul unei alarme de incendiu 53

14 | **Schulausflug** | Bir günlük okul gezisi | نزهة مدرسية | پیک نیک مدرسه۲۰ | Excursie de o zi cu școala 55

15 | **Klassenfahrt** | Uzun süreli okul gezisi | رحلة مدرسية | سفرکلاس۲۱ | Excursie cu clasa 57

16 | **Verhalten des Schülers** | Öğrencinin davranışları | سلوك التلميذ أو التلميذة | رفتار دانش آموز۱۶ |
Comportamentul elevului 60

17 | **Umgangsformen, Probleme, Konflikte** | Öğrenciler arasındaki ilişkiler, sorunlar, anlaşmazlıklar |
رفتار با یکدیگر، مشکلات، اختلافات | طرق حل المشاكل والنزاعات | Bune maniere, probleme, conflicte 67

18 | **Anregungen für zu Hause** | Evde yapılabilecekler | اقتراحات للبيت | پیشنهاداتی برای خانه | Sugestii pentru acasă 84

Zusatzmaterial:
Alle Bildvorlagen mit Textbausteinen als farbige PDF-Versionen und bearbeitbare Word-Dateien.

Hinweise zum Umgang mit den Bildvorlagen

Aus den bisherigen Erfahrungen im Umgang mit den Bildvorlagen erlauben Sie uns einige Hinweise, die Ihnen den Umgang mit den Verständigungshilfen erleichtern sollen.

Die **Bildvorlagen sind ein Hilfsinstrument für Gespräche mit Schülern, die sich in der deutschen Sprache noch nicht zu Hause fühlen**. Wir haben uns bemüht, die Vielzahl von Situationen des Schulalltags zu bedenken und Ihnen ein **möglichst umfangreiches Themenspektrum** mit Blick auf Unterrichts- und Schulalltagsfragen zu ermöglichen.

Die Inhalte des Bandes wurden nach intensiven Gesprächen mit Fachkräften aus dem VKL-Bereich zusammengestellt und orientieren sich stark am tatsächlichen Unterrichtsgeschehen. Vergleichbare Veröffentlichungen für das multikulturelle Elterngespräch haben die Praxistauglichkeit des Konzepts beim bisherigen Einsatz an Schulen erfolgreich unter Beweis gestellt.

Der **Einsatz von Bildmaterial kann in Gesprächssituationen eine konkrete Ergänzung für die Kommunikationsinhalte** sein. Dabei können Sie beispielsweise während des Einzelgesprächs parallel auf die entsprechenden Bilder tippen, so dass sich der Schüler über den Gesprächsinhalt rückversichern kann und den Gesprächsfaden nicht (unbemerkt) verliert. Das Material kann auch als **Leitfaden für den Austausch mit Schülerinnen und Schülern** dienen, einzelne Kapitel, etwa „13 Bei Feueralarm", können **im Unterricht verwendet** werden.

Vor dem Einsatz des Buches ist es von großem Nutzen, wenn Sie sich mit dem Material eingehend vertraut machen, um die enthaltenen Begriffe und Möglichkeiten im Gespräch ausschöpfen zu können. Mithilfe der beiliegenden **farbigen, editierbaren Word-Vorlagen** können die Gesprächskarten in Vorbereitung auf ein Gespräch individuell bearbeitet werden, beispielsweise können Sie einzelne Bilder ausschneiden und/oder auf eine bestimmte Sprache fokussieren und die anderen Varianten aus der Datei löschen.

Es ist wahrscheinlich unnötig zu erwähnen, dass – insbesondere in Krisensituationen – eine Verständigung mithilfe von Bildern kein pädagogisches oder psychologisches Gespräch bzw. keine direkte Kommunikation ersetzen kann.
Hier können die Bildvorlagen einen Anstoß geben oder der ersten Analyse dienen. Diesen Hinweis beziehen wir insbesondere auf die Kapitel einer etwaigen Kindeswohlgefährdung und psychischen Krisensituation, wie zum Beispiel einer Suizidabsicht des Kindes. Ebenso müssen wir uns vergegenwärtigen, dass Bilder mitunter mehrere Deutungen zulassen können. Wir haben uns dennoch für die Aufnahme der Begriffe entschieden, da alternativ belastende und wichtige Dinge oftmals gänzlich ungesagt bleiben. Die Bildvorlagen sollen ja gerade dann zum Einsatz kommen, wenn die sprachlichen Möglichkeiten nicht ausreichen.

So wünschen wir Ihnen viel Erfolg bei der Arbeit mit den Bildvorlagen.

Die Autorinnen   Bild und Sprache e.V.

Vorwort

Der Alltag in der Schule ist durch Kommunikation geprägt. Lehrpersonen nutzen direkte Kommunikationswege zu ihren Schülern in sogenannten Lehrer-Schüler-Gesprächen. Diese können jenseits des Unterrichts umgesetzt werden, sie bestimmen aber selbstverständlich auch den Unterricht an sich. Gespräche professionell zu moderieren, ist mit vielen Herausforderungen verbunden und hängt nicht zuletzt mit der Heterogenität der Schüler zusammen, die in einer Klasse gemeinsam unterrichtet werden. Lernende in Schulklassen sind heterogen, weil sie unterschiedlich familiär, sozial, kulturell und religiös geprägt sind und damit je eigene Interessen, Stärken, Begabungen und Unterstützungsbedürfnisse haben, sich unterschiedlich entwickeln und in unterschiedlicher Geschwindigkeit lernen. Sie entsprechend ihrer individuellen Lernvoraussetzungen und Möglichkeiten zu fördern und dabei zugleich die Vermittlung einer Gesamtqualifikation zu gewährleisten, sind wichtige pädagogische Ziele der Schule (z. B. Prengel & Heinzel, 2012).

Daraus ergeben sich Konsequenzen für die Unterrichtsplanung und -gestaltung, ebenso wie für die Diagnosefähigkeiten von Lehrpersonen, um dieser Heterogenität im Unterricht angemessen, das heißt adaptiv, zu begegnen. Adaptives Unterrichten meint optimales Fördern in Lehr-Lern-Situationen, in denen Lernangebote und Lernvoraussetzungen der Schüler und die Verwirklichung individueller Potentiale in einem bestmöglichen Passungsverhältnis stehen (z. B. Corno, 2008). Adaptiv unterrichten zu können, bedeutet aber zuallererst auch, (kommunikativen) Zugang zu den Schülern aufbauen und damit sowohl zu unterrichtsbezogenen als auch zu allgemein schulrelevanten Aspekten mit den Lernenden in einen diskursiv angelegten Austausch treten zu können. Bestehen nur geringe Deutschkenntnisse seitens der Schüler, kann ein solcher Austausch kaum gelingen.

Die vorliegende bebilderte Verständigungshilfe wurde genau zu diesem Zweck konzipiert. Wo Worte fehlen, ermöglichen es themenspezifische Bilder mit kurzen Beschreibungen in den Sprachen Türkisch, Arabisch, Farsi, Rumänisch und Deutsch den Kommunikationsprozess zwischen Lehrpersonen und Schülern mit wenigen Deutschkenntnissen zu unterstützen. Das Themenspektrum ist breit gefächert. Bebildert sind Themen zu schulorganisatorischen Fragen (z. B. Gliederung des Schuljahrs, Schulfächer und Noten, Ganztag), zum Unterricht (z. B. Schulfächer und Noten, Unterrichtsorganisation, Sport- und Schwimmunterricht) oder zu Fragen des sozialen Umgangs (z. B. Umgangsformen, Konflikte, Probleme, Verhalten des Schülers) sowie zu Gefahrensituationen in der Schule (z. B. Feueralarm).

Die Verständigungshilfe kann daher in Lehrer-Schüler-Gesprächen unterschiedliche Kommunikationsanlässe unabhängig von den Deutschkenntnissen der Schüler unterstützen. Sie kann eine Hilfe und ein Türöffner sein, ein vertrauensvolles Verhältnis von Lehrpersonen und Lernenden aufzubauen. Die Lehrpersonen können eine Lernatmosphäre schaffen, in denen sich die Lernenden wertgeschätzt fühlen. Den Schülern gegenüber bietet es Möglichkeiten, Zurückhaltung oder Unsicherheiten Schritt für Schritt zu reduzieren und sich den Strukturen und Verfahren im Schulsystem anzuvertrauen.

Anke Hußmann

Literatur

Corno, L. (2008). On Teaching Adaptively. Educational Psychologist, 43 (3), 161-173.
Prengel, A. & Heinzel, F. (2012). Heterogenität als Grundbegriff inklusiver Pädagogik. Zeitschrift für Inklusion (3). Zugriff am 19.11.2017: https://www.inklusion-online.net/index.php/inklusion-online/article/view/39

1 | Die Welt
| *Dünya*
| العالم
| دنیا
| *Lumea*

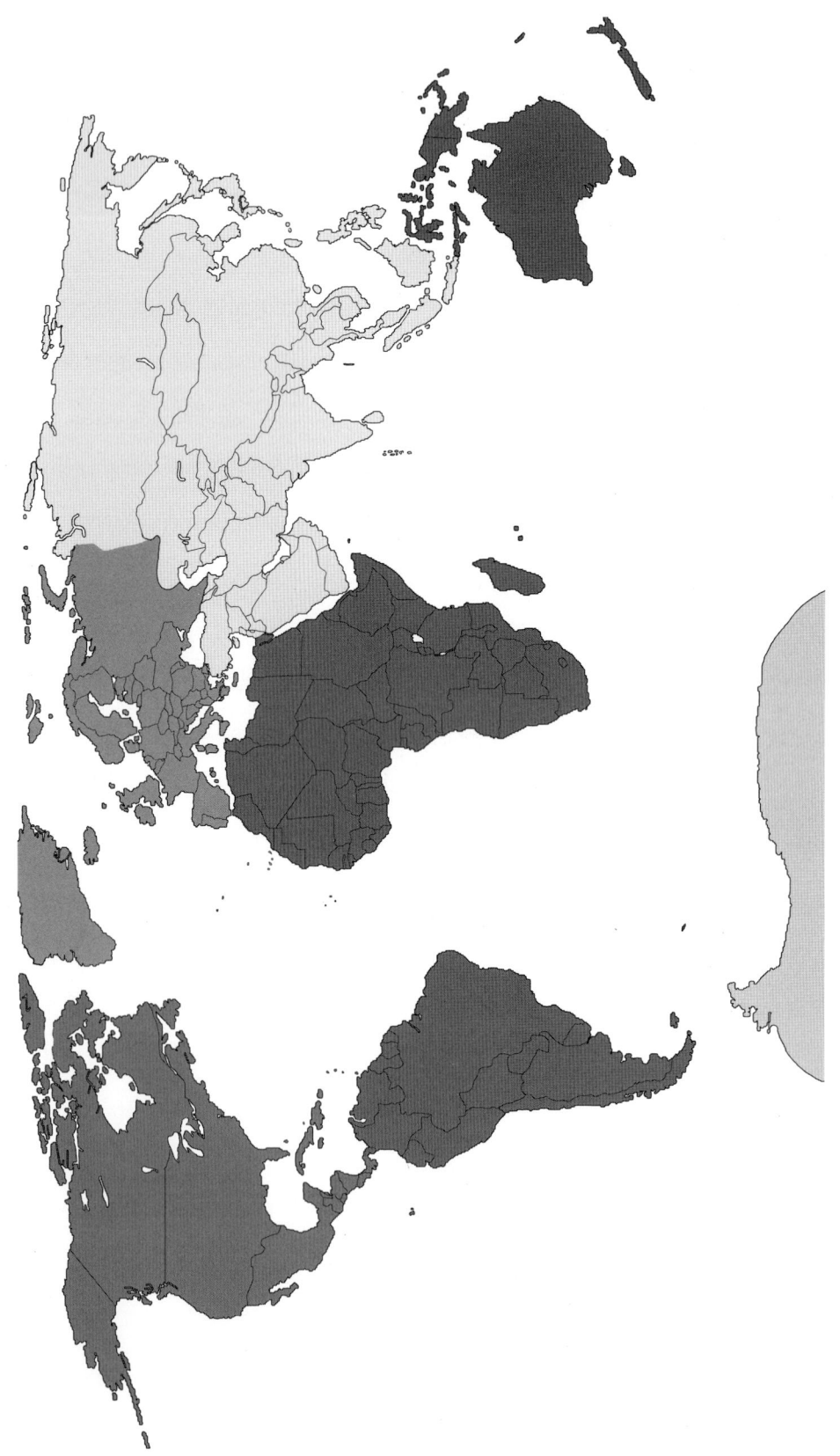

Afrika	Antarktis	Asien	Australien	Europa	Nordamerika	Südamerika
Afrika	*Antarktik*	*Asya*	*Avustralya*	*Avrupa*	*Kuzey Amerika*	*Güney Amerika*
أفريقيا	القطب الجنوبي	آسيا	أستراليا	أوروبا	أمريكا الشمالية	أمريكا الجنوبية
آفریقا	سرزمین قطب جنوب	آسیا	آسترالیا	اروپا	آمریکای شمالی	آمریکای جنوبی
Africa	*Antarctica*	*Asia*	*Australia*	*Europa*	*America de Nord*	*America de Sud*

2 | Das Schuljahr
| Okul Yılı
| العام الدراسي
| ۲سال تحصیلی
| Anul școlar

Schultage
Okulun olduğu günler
ايام المدرسة
روزهای مدرسه
Zile de cursuri

....
....
....
....

schulfreie Tage
Okulun olmadığı günler
ايام العطلة
روزهای تعطیل
Zile de vacanță și zile libere legale

....
....
....
....

Pausenzeiten
Teneffüs saatleri
ساعات الإستراحة
ساعات زنگ تفریح
Recreațiile

....
....
....
....

Unterrichtszeiten
Ders saatleri
ساعات الدرس
ساعات درس
Orele didactice

....
....
....
....

Schul- bzw. Ganztags-Zeiten
Okul ve tüm gün saatleri
مقعد شاغر
ساعات مدرسه و ساعات مدرسه تمام روزه
Orar școlar, respectiv calendar zilnic

....
....
....
....

Sprechzeiten der Klassenlehrer / -innen und Fachlehrer / -innen
Sınıf öğretmenleri ve branş öğretmenleri ile görüşme gün ve saatleri
أوقات التحدث مع معلمين ومعلمات الصف أو معلمي ومعلمات المادة
زمان مشاوره آموزگار کلاس / زمان مشاوره آموزگار متخصص
Consultații cu părinții într-un interval orar anunțat de diriginte

....
....
....
....

Elternsprechtage
Velilerin öğretmenlerle görüşme günleri
ايام التحدث مع الأولياء
روزهای جلسه اولیاء و مربیان
Zile de consultație cu părinții într-un interval orar anunțat de cadrele didactice

....
....
....
....

Ferienbetreuung
Okul tatilinde öğrencilere bakım hizmeti
رعاية الأطفال في العطلة المدرسية
مراقبت در تعطیلات
Supravegherea copiilor pe timpul vacanței

....
....
....
....

2 Das Schuljahr

Januar	Februar	März	April	Mai	Juni
Ocak	Şubat	Mart	Nisan	Mayıs	Haziran
يناير	فبراير	مارس	إبريل	مايو	يونيو
ژانویه	فوریه	مارس	آوریل	مه	ژوئن
Ianuarie	Februarie	Martie	Aprilie	Mai	Iunie
Juli	**August**	**September**	**Oktober**	**November**	**Dezember**
Temmuz	Ağustos	Eylül	Ekim	Kasım	Aralık
يوليو	أغسطس	سبتمبر	أكتوبر	نوفمبر	ديسمبر
ژوئیه	آگوست	سپتامبر	اکتبر	نوامبر	دسامبر
Iulie	August	Septembrie	Octombrie	Noiembrie	Decembrie

	Januar	Februar	März	April	Mai	Juni	Juli	August	September	Oktober	November	Dezember	
1													1
2													2
3													3
4													4
5													5
6													6
7													7
8													8
9													9
10													10
11													11
12													12
13													13
14													14
15													15
16													16
17													17
18													18
19													19
20													20
21													21
22													22
23													23
24													24
25													25
26													26
27													27
28													28
29													29
30													30
31													31

Herbstferien	**Weihnachtsferien**	**Winter- / Faschingsferien**
Güz Tatili	Noel Tatili	Kış Tatili / Karnaval Tatili
عطلة الخريف	عطلة رأس السنة الميلادية	عطلة الشتاء / الكرنفال
تعطیلات پاییزی	تعطیلات کریسمس	تعطیلات زمستانه- / کارناوال
Vacanța de toamnă	Vacanța de Crăciun	Vacanța de iarnă / cu ocazia carnavalului
Osterferien	**Pfingstferien**	**Sommerferien**
Paskalya Tatili	Küçük Paskalya Tatili	Yaz Tatili
عطلة عيد الفصح	عيد العنصرة	عطلة الصيف
تعطیلات عید پاک	تعطیلات عید پنجاهه	تعطیلات تابستانی
Vacanța de Paște	Vacanța de Rusalii	Vacanța de vară

2 Das Schuljahr

Montag	**Dienstag**	**Mittwoch**	**Donnerstag**	**Freitag**	**Samstag**
Pazartesi	*Salı*	*Çarşamba*	*Perşembe*	*Cuma*	*Cumartesi*
الإثنين	الثلاثاء	الأربعاء	الخميس	الجمعة	السبت
دوشنبه	سه شنبه	چهارشنبه	پنج شنبه	جمعه	شنبه
Luni	*Marți*	*Miercuri*	*Joi*	*Vineri*	*Sâmbătă*

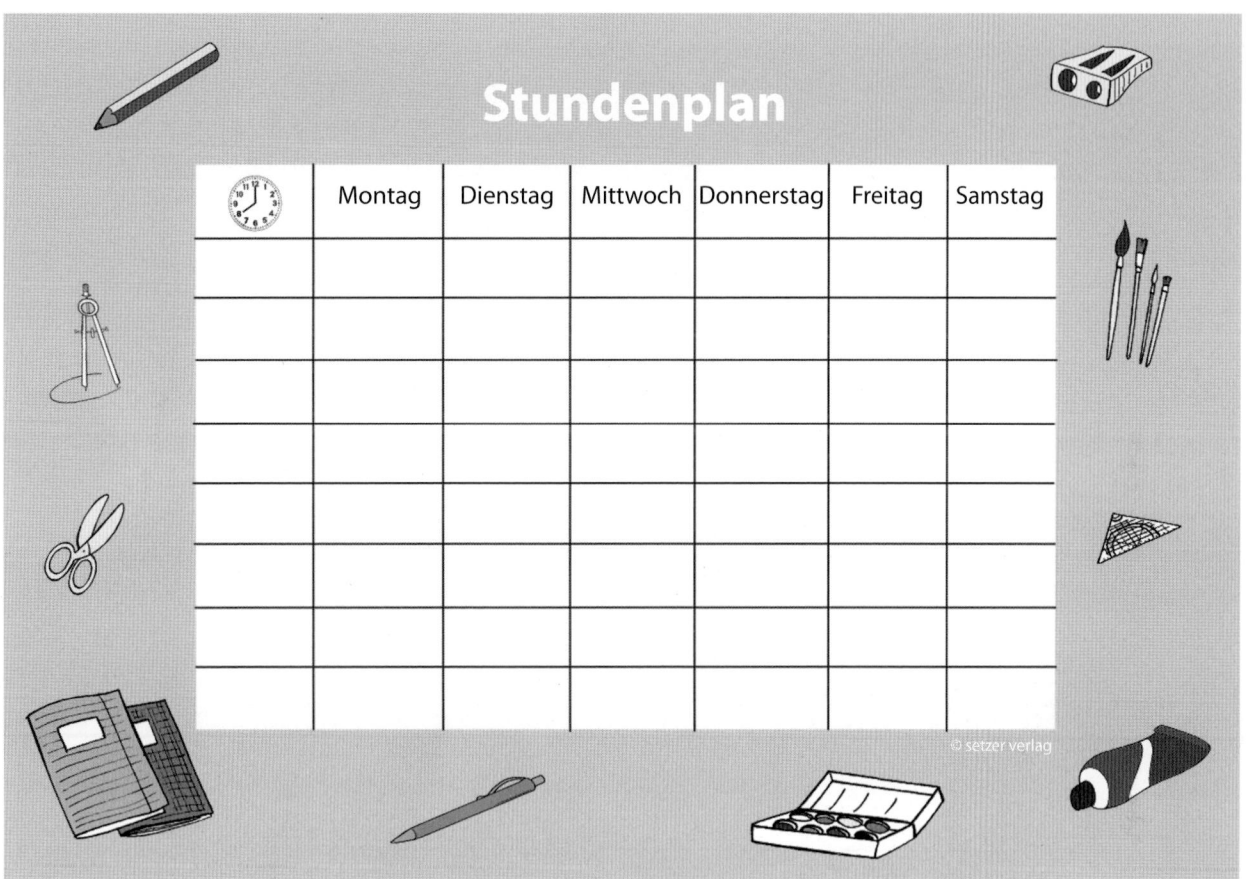

3 | Das Schulteam
| Okul Ekibi
| فريق المدرسة
| ‫تیم مدرسه‬
| Echipa școlii

Schulhaus
Okul binası
المدرسة
ساختمان مدرسه
Clădirea școlii

Klassenlehrer, -in
Bay veya bayan sınıf öğretmeni
معلمة
آموزگار کلاس
Profesor diriginte, profesoară diriginte

Fachlehrer, -in
Branş öğretmeni
مدرس أو مدرسة المادة
آموزگار متخصص یک رشته
Profesor specializat, profesoară specializată

Rektor, -in
Okul müdürü
المدير
مدیر مدرسه
Directorul școlii, directoarea școlii

Sekretär, -in
Sekreter
السكرتير
منشی مدرسه
Secretarul școlii, secretara școlii

3 Das Schulteam

Erzieher, -in
Eğitmen
المربي أو المربية
مربی
Educator, educatoare

Schulpsychologe, Schulpsychologin
Okul psikoloğu
أخصائي نفسي أو أخصائية نفسية للمدرسة
روانشناس مدرسه
Psiholog şcolar

Sozialarbeiter, -in
Okulun rehber-danışmanı
أخصائي إجتماعي أو أخصائية إجتماعية
مددکار اجتماعی
Lucrător social

Hausmeister, -in
Hademe
الحارس
سرایدار
Administratorul şcolii

Hauswirtschafter, -in
Temizlikçi kadın
مدبر المنزل او مدبرة المنزل
مسئول خانه و آشپزخانه
Menajeră

Koch, Köchin
Aşçı
الطباخ او الطباخة
آشپز
Bucătar, bucătăreasă

4 | Der Schulweg
| *Okul Yolu*
| الطريق الى المدرسة
| ۴ راه مدرسه
| *Drumul spre școală*

Wie kommst du in die Schule?
Okula nasıl geliyorsun?
كيف تأتي إلى المدرسة؟
چه طور به مدرسه می روی؟
Cum ajungi la școală?

Mit meinen Eltern im Auto.
Annem / babam arabayla getiriyor.
مع والداي بالسيارة.
به همراه والدینم با ماشین.
Cu părinții mei, cu mașina.

Mit dem Bus.
Otobüsle.
بالحافلة.
با اتوبوس.
Cu autobuzul.

Mit der Straßenbahn.
Tramvayla.
بالترام.
با قطار درون شهری.
Cu tramvaiul.

Mit dem Fahrrad.
Bisikletle.
بالدراجة.
با دوچرخه.
Cu bicicleta.

Zu Fuß.
Yürüyerek.
مشياً.
پیاده.
Pe jos.

**Zu Fuß, aber der Weg ist sehr weit.
Wir haben kein Geld für den Bus.**
*Yürüyerek, ama ev okula çok uzak.
Otobüse binmek için yeterli paramız yok.*
مشياً، ولكن المسافة كبيرة. لا نستطيع شراء تذكرة الباص.
پیاده، اما مسیر خیلی طولانی است، ما پولی برای اتوبوس نداریم.
*Pe jos, dar este foarte departe.
Nu avem bani pentru autobuz.*

Christina Heiligensetzer, Katharina Gotsch: Bildvorlagen für multikulturelle Schülergespräche
© Persen Verlag

4 Der Schulweg

So kommst du sicher über die Straße:
Karşıdan karşıya geçişlerde dikkat etmen gereken kurallar:
بهذه الطريقة تقطع الشارع بأمان.
تو به این صورت می توانی با امنیت از خیابان رد شوی:
Aşa traversezi strada în siguranță:

1. Schaue nach LINKS.
2. Schaue nach RECHTS.
3. Schaue noch mal nach LINKS.
4. Wenn kein Auto kommt, gehe bis zum Fahrbahnteiler in der Mitte.
5. Schaue noch mal nach RECHTS und überquere die Straße ganz.

1. Önce sola, 2. daha sonra sağa, 3. tekrar sola bakarak yolu kontrol et, 4. eğer araç gelmiyorsa koşmadan hızlı adımlarla yürü, 5. yolun ortasına gelince tekrar sağa bak, yine koşmadan hızlı adımlarla yürüyerek karşıya geç.

1. أنظر باتجاه الشمال. 2. أنظر باتجاه اليمين. 3. أنظر مرة أخرى نحو الشمال. 4. إذا لم تكن هناك سيارات قادمة، أعبر إلى الجزيرة الوسطية. 5. أنظر مرة أخرى نحو اليمين ثم أعبر الشارع.

1. به سمت چپ نگاه کن. 2. به سمت راست نگاه کن. 3. دوباره به سمت چپ نگاه کن. 4. اگر ماشین نمی‌آید، تا خطوط جدا کننده در وسط خیابان برو. 5. دوباره به سمت راست نگاه کن و کاملا از عرض خیابان عبور کن.

1. Uită-te la STÂNGA. 2. Uită-te la DREAPTA. 3. Uită-te încă o dată la STÂNGA. 4. Dacă nu vine nicio mașină, înaintează până la insula de refugiu pentru pietoni. 5. Mai uită-te o dată la DREAPTA și traversează restul străzii.

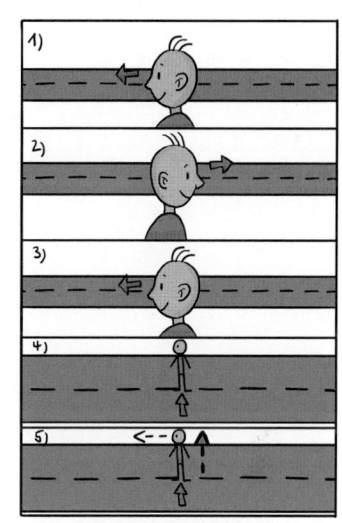

Spitz die Ohren! Oft hört man Autos, bevor man sie sieht.

Kulaklarını iyice aç! Bir aracı görmeden önce motor sesini duyabilirsin.

استخدم سمعك ! عادة ما يسمع المارة صوت السيارة قبل رؤيتها.

گوش هایت را تیز کن! معمولا می شود صدای ماشین ها را قبل از دیدنشان شنید.

Ascultă cu atenție! Adesea auzi mașinile înainte să intre în câmpul vizual.

Gehe zügig über die Straße und achte auf den Verkehr.

Koşmadan hızlı adımlarla yürüyerek karşıya geç ve trafiğe dikkat et.

امش بسرعة واقطع الشارع وانتبه لحركة المرور.

به سرعت از خیابان رد شو و به حرکت وسایل نقلیه توجه کن.

Traversează strada în pas vioi și fii atent la trafic.

Spiele nicht auf der Straße. Das ist gefährlich!

Cadde ve sokaklarda oyun oynama. Bu çok tehlikelidir.

لا تلعب في الشارع. هذا خطر!

در خیابان بازی نکن. خطرناک است!

Nu te juca pe stradă, e periculos!

Nutze Ampeln.

Trafik ışıklarının bulunduğu yerlerden karşıya geç.

استخدم الإشارة الضوئية.

از چراغ عابر پیاده استفاده کن.

Folosește semafoarele.

An der Ampel: Bei Rot stehen, bei Grün gehen!

Trafik ışığında: Yayalara kırmızı ışık yanarken dur, yeşil ışık yandığında geç!

عند الإشارة الضوئية: توقف عند اللون الأحمر وامش عند اللون الأخضر !

مقابل چراغ عابر پیاده: وقتی قرمز است بایستید، وقتی سبز است عبور کنید.

La semafor: la roșu așteptți, la verde traversezi!

Nutze Zebrastreifen.

Karşıdan karşıya yaya geçitlerinden geç.

استخدم خط المشاة.

از خط کش عابر پیاده استفاده کن.

Folosește trecerea pentru pietoni.

Christina Heiligensetzer, Katharina Gotsch: Bildvorlagen für multikulturelle Schülergespräche
© Persen Verlag

4 Der Schulweg

1. Gehe zum Zebrastreifen und bleibe an der Bordsteinkante stehen.
2. Schaue nach LINKS
3. Dann schaue nach RECHTS.
4. Schaue noch einmal nach LINKS.

1. Yaya geçidinde yola inmeden önce kaldırımın / banketin kenarında dur. 2. Önce SOLA, 3. daha sonra SAĞA, 4. tekrar SOLA bakarak yolu kontrol et.

1. استخدم خط المشاة المخطط وابق على الرصيف. 2. انظر نحو الشمال. 3. انظر نحو اليمين. 4.أنظر مرة أخرى نحو الشمال.

.1 به سمت خط کشی عابر پیاده برو و قبل از جدول لبه خیابان بایست. 2. به سمت چپ نگاه کن. 3. سپس به سمت راست نگاه کن. 4. دوباره به سمت چپ نگاه کن.

1. Înaintează până la zebră și oprește-te la bordura trotuarului 2. Uită-te la STÂNGA. 3. Uită-te la DREAPTA. 4. Uită-te încă o dată la STÂNGA.

5. Wenn kein Auto kommt, gehe zügig über den Zebrastreifen.

5. Eğer araç gelmiyorsa koşmadan hızlı adımlarla karşıya geç.

5. عندما لا تكون هناك سيارة قادمة، إقطع الشارع بسرعة من معبر المشاة

5. اگر ماشینی نمی آید، به سرعت از روی خط کشی عابر پیاده عبور کن.

5. Dacă nu vine nicio mașină, traversează în pas vioi strada pe trecerea pentru pietoni.

6. Wenn Autos kommen, kannst du den Arm nach oben strecken – dann bist du besser zu sehen.

6. Eğer araçlar geliyorsa, kolunu yukarıya kaldır. Böylece araç sürücüsü seni daha kolay farkeder.

6. عندما ترى سيارات قادمة، ارفع يدك، فبذلك يمكن أن يراك السائقون.

6. اگر ماشین ها می آمدند، می توانی دست را به سمت بالا ببری- اینطور بهتر دیده می شوی.

6. Dacă vin mașini ridică brațul pentru a fi mai vizibil.

Laufe nie einfach auf den Zebrastreifen! Gehe erst los, wenn die Autos in beiden Richtungen stehen bleiben.

Yaya geçidinde koşarak hemen geçme! Her iki yönden gelen araçlar durunca karşıya geç.

لا تقطع معبر المشاة مباشرة. اقطع فقط عندما تكون السيارات في الجهتين واقفة.

یک دفعه از خط کشی عابر پیاده رد نشو! زمانی که ماشین‌ها در هر دو سمت ایستادند، آن موقع حرکت کن.

Asigură-te înainte de a traversa pe trecerea de pietoni! Traversează doar când se opresc mașinile din ambele sensuri.

Nutze Fahrbahnteiler.

Yolun ortasındaki adaları kullan.

استخدم الجزيرة الوسطية.

از خطوط جدا کننده وسط خیابان استفاده کن.

Folosește insula de refugiu pentru pietoni.

4 Der Schulweg

Mit Reflektoren können dich die Autofahrer besser sehen.

Senin veya çantanın üzerinde ışık yansıtıcıları (reflektörler) olursa sürücüler seni daha iyi görür.

مع العواكس يراك سائقو السيارات بصورة أفضل.

راننده ها می توانند تو را با شب نما بهتر ببینند.

Aplicând elemente reflectorizante devii mai vizibil pentru șoferi.

Trage helle Kleider, besonders im Herbst und Winter.

Özellikle sonbahar ve kış aylarında sürücülerin seni fark etmesi için açık renkli kıyafetler giy.

عليك لبس ملابس فاتحة، خاصة في الخريف والشتاء.

لباس های رنگ روشن بپوش، مخصوصا در پاییز و زمستان.

Poartă îmbrăcăminte de culoare deschisă, mai ales toamna și iarna.

Gehe zusammen mit den Kindern aus der Nachbarschaft. Das ist sicherer und weniger langweilig.

Okula aynı mahallede / sokakta oturan diğer öğrencilerle birlikte git. Böylece okul yolu daha güvenli ve daha az can sıkıcı olur.

إذهب سويةً مع أطفال الجيران فذلك أكثر أمناً وأقل مللاً.

همراه با بچه های همسایه برو. اینطور امن تر و کم تر خسته کننده است.

Mergi împreună cu copii din vecinătate. Este mai sigur și mai puțin plictisitor.

Gehe rechtzeitig los, damit du nicht hetzen musst!

Acele etmemek için evden zamanında yola çık.

غادر المنزل في الوقت المناسب حتى لا تضغط على نفسك!

به موقع برو، که مجبور نباشی عجله کنی!

Pleacă la timp, ca să nu fii nevoit să te grăbești!

Fahre erst mit dem Fahrrad zur Schule, wenn du in der 4. Klasse bist.

4. sınıfa geldiğinde bisikletle okula gitmeye başla.

استخدم الدراجة للذهاب إلى المدرسة عندما تصبح في الصف الرابع.

وقتی که به کلاس چهارم رسیدی، با دوچرخه به مدرسه برو.

Mergi cu bicicleta la școală doar când ești în clasa a patra.

Bis du acht Jahre alt bist, musst du auf dem Gehweg Fahrrad fahren.

8 yaşına kadar yaya yolunda bisiklete binebilirsin.

يجب أن تستخدم طريق المشاة أثناء قيادة الدراجة حتى سن الثامنة.

تا سن هشت سالگی باید در قسمت مخصوص عابر پیاده دوچرخه سواری کنی.

Până când împlinești opt ani, trebuie să mergi cu bicicleta doar pe trotuar.

Ab 10 Jahren solltest du auf der Straße Fahrrad fahren.

Karayolunda bisiklet sürmek için 11 yaşını bitirmiş olman gerekir.

عليك قيادة الدراجة في الشارع بعد سن العاشرة.

از 10 سالگی می بایستی در خیابان دوچرخه سواری کنی.

De la 10 ani ar trebui să mergi cu bicicleta pe stradă.

Schiebe dein Fahrrad, wenn du über die Straße gehst.

Karşıdan karşıya geçerken bisikletten in, bisikletini iterek yürü.

انزل عن الدراجة وقدها ماشياً عندما تقطع الشارع.

وقتی که از عرض خیابان عبور می کنی، پیاده شو و دوچرخه ات را با دست هل بده.

Împinge bicicleta atunci când traversezi strada.

Christina Heiligensetzer, Katharina Gotsch: Bildvorlagen für multikulturelle Schülergespräche
© Persen Verlag

4 Der Schulweg

Im Auto:
Arabayla okula giderken
في السيارة:
در ماشین:
În mașină:

Steige immer zur Fußgängerseite hin aus und nicht zur Straße.
Arabaya yaya yolunun bulunduğu taraftan bin ve in.
انزل من السيارة من جهة الرصيف دائماً وليس من جهة الشارع.
همیشه از سمت عابر پیاده پیاده شو و نه به سمت خیابان.
Coboară întotdeauna din mașină spre partea trotuarului și nu spre stradă.

Bleibe im Auto immer angeschnallt.
Araba giderken emniyet kemerin hep takılı olsun.
اربط حزام الأمان دائماً في السيارة.
همیشه در ماشین کمربند ایمنی را ببند.
Poartă întotdeauna centura de siguranță atunci când ești în mașină.

Bis du 1,50 m groß bist, musst du aus Sicherheitsgründen im Kindersitz sitzen.
Boyun 1,50 metreden kısa ise, güvenlik nedeniyle arabada çocuk koltuğunda oturmak zorundasın.
عندما يكون طولك أقل من 150 سنتيمتر، عليك إستخدام كرسي الأطفال من أجل الأمان.
تا زمانی که قد تو 1,50 متر است، به دلیل مسائل ایمنی باید در صندلی کودک بنشینی.
Din motive de siguranță, dacă nu ai depășit 1,50 m înălțime, trebuie să stai în scaunul auto pentru copii.

Öffne während der Fahrt niemals die Tür.
Araba hareket halindeyken kesinlikle kapıyı açma.
لا تفتح باب السيارة أبداً عندما تكون السيارة ماشية.
در هنگام حرکت ماشین هرگز درب را باز نکن.
Nu deschide niciodată portiera mașinii în timpul mersului.

4 Der Schulweg

Unsere Regeln für die Bushaltestelle:
Otobüs durağında nasıl davranmalıyız:
قواعد محطة الحافلات:
قوانین ما برای ایستگاه اتوبوس:
Regulile noastre pentru stația de autobuz:

Ich tobe nicht an der Haltestelle.
Otobüs beklerken hoplayıp zıplamıyorum.
لا أصدر ضجة في المحطة.
من در ایستگاه سر و صدا و شلوغ نمی‌کنم.
Nu mă manifest zgomotos în stația de autobuz.

Ich schubse niemanden. Das ist gefährlich!
Kimseyi itip kakmıyorum. Bu çok tehlikelidir!
لا أدفع أحداً فذلك خطر!
من کسی را هول نمی دهم. خطرناک است!
Nu împing pe nimeni. Este periculos!

Ich setze mich nicht auf die Bordsteinkante oder auf die Straße.
Kaldırımın veya yolun üstüne oturmuyorum.
لا أجلس على حافة الرصيف أو في الشارع.
من روی جدول لبه خیابان یا در خیابان نمی نشینم.
Nu mă așez pe bordura trotuarului sau pe stradă.

Ich warte auf dem Gehweg oder im Wartehäuschen.
Otobüsü ya kaldırımda ya da durağın içinde beklerim.
أنتظر على الرصيف أو تحت مظلة محطة الحافلات.
من در پیاده رو یا اتاقک انتظار منتظر می‌مانم.
Aștept pe trotuar sau în adăpostul stației de autobuz.

Wenn der Bus kommt, stelle ich mich in der Schlange an und drängle nicht.
Otobüs geldiğinde binmek için sıramı beklerim, öne geçmeye çalışmam.
عندما تأتي الحافلة، أقف في الطابور ولا أزاحم.
وقتی اتوبوس آمد، در صف می ایستم و به سمت اتوبوس هجوم نمی برم.
Când vine autobuzul mă așez la rând și nu împing.

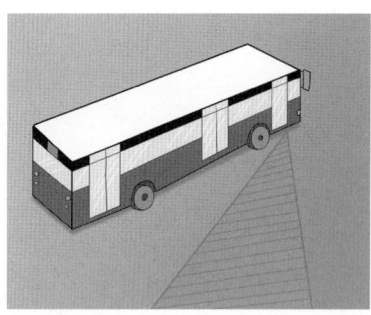

Im „toten Winkel" kann dich der Busfahrer nicht sehen.
Otobüs şöförü araç aynasının kör noktasında seni göremez.
في "الزاوية الميتة" لا يستطع سائق الحافلة أن يراك.
در "نقطه ی کور" راننده ی اتوبوس قادر به دیدن تو نیست.
Șoferul autobuzului nu mă poate vedea în „unghiul mort".

5 | Radfahrtraining
| Temel bisiklet sürme teknikleri
| التدريب على قيادة الدراجات
| آموزش دوچرخه سواری
| Instruire pentru mersul pe bicicletă

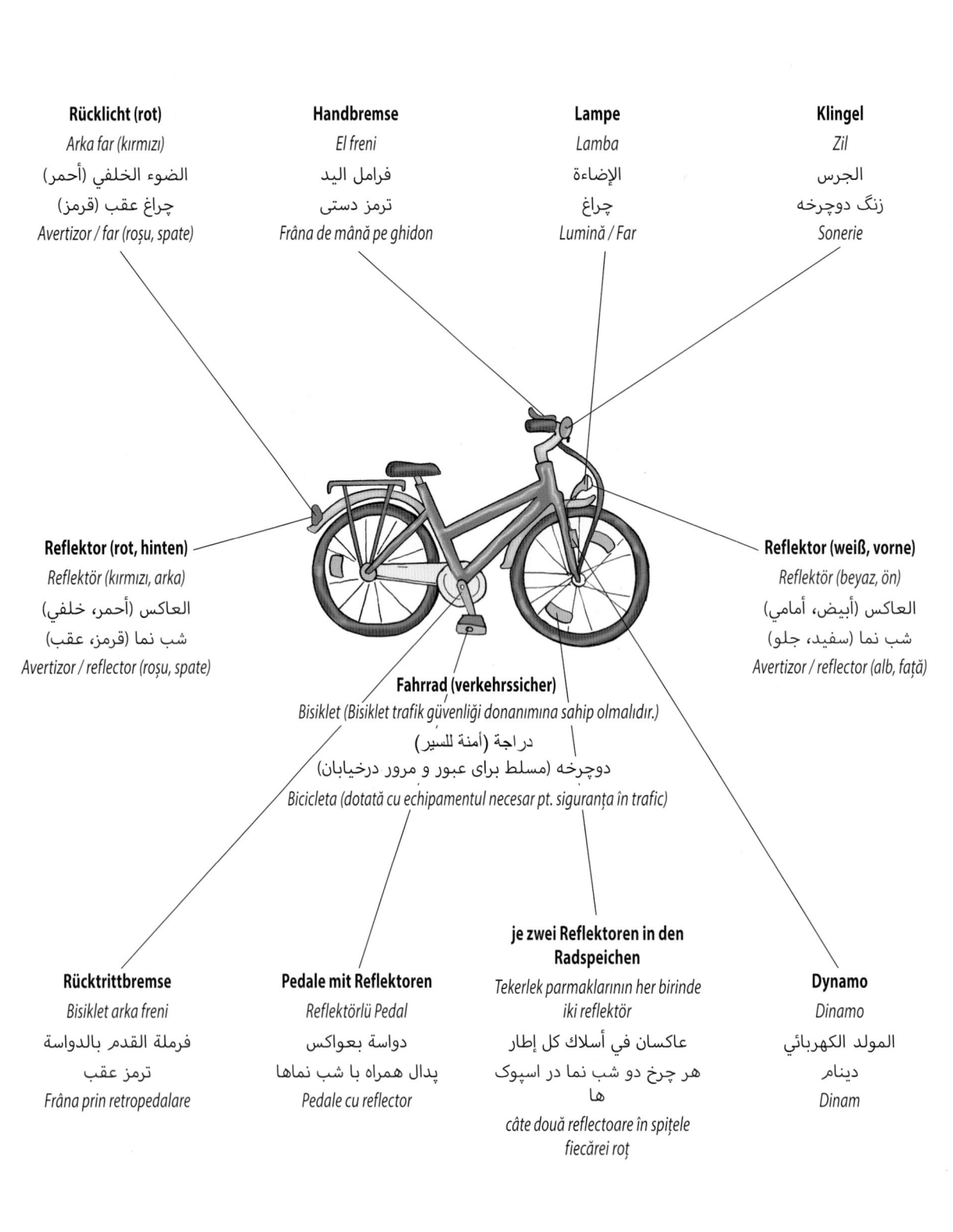

5 Radfahrtraining

Bitte bringe dein Fahrrad am ... (Datum, Wochentag) mit in die Schule.

Lütfen bisikletini .... (tarih, gün) okula getir.

من فضلك احضر دراجتك ..(التاريخ، اليوم) إلى المدرسة.

لطفا دوچرخه ات را در ... (تاریخ، روز هفته) همرات به مدرسه بیاور.

Te rugăm să aduci bicicleta la școală ... (data și ziua săptămânii)

Ich habe kein Fahrrad.

Bisikletim yok.

لا يوجد لدي دراجة.

من دوچرخه ندارم.

Nu am bicicletă.

Bringe deinen Fahrradhelm mit.

Bisiklet kaskını da getir.

من فضلك احضر خوذة الدراجة.

کلاه ایمنی دوچرخه سواری ات را همراهت بیاور.

Adu casca de bicicletă.

Ich habe keinen Fahrradhelm.

Bisiklet kaskım yok.

لا يوجد لدي خوذة دراجة.

من کلاه ایمنی دوچرخه سواری ندارم.

Nu am cască de bicicletă.

Fahre geradeaus.
a) Fahre mit beiden Händen am Lenker.
b) Fahre nur mit der linken Hand am Lenker.
c) Fahre nur mit der rechten Hand am Lenker.

Bisikleti dümdüz sür. a) Gidonu iki elinle tut. b) Gidonu sadece sol elinle tutarak sür. c) Gidonu sadece sağ elinle tutarak sür.

سر بالدراجة بشكل مستقيم. أ)قود الدراجة ويداك على المقود. ب.) سوق الدراجة ويدك الشمال فقط على المقود. ج.) سوق الدراجة ويدك اليمين فقط على المقود.

مستقیم بران. الف) فرمان را با دو دست بگیر ب) فرمان را فقط با دست چپ بگیر پ) فرمان را فقط با دست راست بگیر.

Mergi drept înainte. a) Ține ambele mâini pe ghidon. b) Mergi doar cu mâna stângă pe ghidon. c) Mergi doar cu mâna dreaptă pe ghidon.

5 Radfahrtraining

Male mit Kreide eine Linie auf den Boden. Fahre geradeaus und komme an der Linie zum Stoppen.

Tebeşirle yere düz bir çizgi çiz. Bisikletini dümdüz sür ve çizgiye gelince dur.

ارسم بالطباشير خطاً على الأرض. تحرك إلى الأمام وقف عند الخط.

با گچ یک خط روی زمین بکش. مستقیم بران و درست لب خط توقف کن.

Desenează pe jos cu creta o line. Mergi drept înainte și oprește-te la linie.

Fahre geradeaus und schaue über die Schulter. Was ist auf dem Schild?

Bisikletini dümdüz sür, kafanı arkaya çevir ve bak. Hangi levhayı görüyorsun?

قد الدراجة إلى الأمام وأنظر خلفك. ماذا ترى على لوحة المرور؟

مستقیم بران و به اطراف دقت کن. چه چیزی روی تابلو است؟

Întoarce capul și uită-te în spate. Ce este pe indicatorul rutier?

Fahre mit einer Hand am Lenker, greife mit der anderen einen Gegenstand. Gib den Gegenstand einem Mitschüler.

Bisikletini gidonu tek elle tutarak sür, boşta kalan elindeki cismi bir okul arkadaşına ver.

قم بقيادة الدراجة بيد واحدة وأمسك شيئاً باليد الأخرى. قم بإعطاء زميلك ذلك الشيء.

فرمان را با یک دستت بگیر، با دست دیگر یک شئ را بگیر. شئ را به یک همکلاسی بده.

Mergi cu o mână pe ghidon, iar cu cealaltă ține un obiect. Dă-i obiectul unui coleg.

Übe, die Fahrspur zu wechseln. Dabei zeigst du mit der Hand die Richtung an.

Trafik şeridini değiştirme alıştırmaları yap. Bunu yaparken elin ile yönü göster.

تمرن على تبديل مسار السفر، وبذلك حاول أن تشير بيدك إلى الاتجاه.

تمرین کن خطوط رانندگی را عوض کنی. برای این کار مسیر حرکت را با دست نشان بده.

Exersează schimbarea benzii de mers, indicând direcția cu mâna.

Fahre ganz langsam auf einer Linie ohne zu wackeln.

Bisikletini bir çizgi üzerinde yalpalamadan yavaşça sür.

سوق ببطء شديد في خط دون ارتجاج.

خیلی آهسته بدون تکان خوردن از روی یک خط بران.

Mergi foarte încet pe o linie, fără să te clatini.

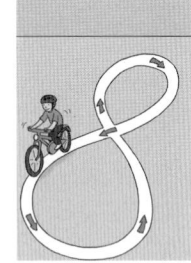

Fahre einen Kreis am Boden oder eine liegende Acht. Kannst du das auch einhändig?

Bisikletini bir daire şeklinde veya bir sekiz harfi şeklinde sür. Bunu tek elinle de yapabilir misin?

قد الدراجة بشكل دائري أو على شكل الرقم 8. هل تستطيع فعل ذلك باستخدام يد واحدة؟

به شکل یک دایره و یا بی نهایت روی زمین بران. آیا یک دستی هم می توانی این کار را بکنی؟

Mergi în cerc sau pe traiectoria unui 8 orizontal. Poți face asta și cu o singură mână pe ghidon.

Stelle Verkehrshütchen auf und fahre darum herum. Versuche, die Hütchen nicht zu berühren oder umzuwerfen!

Trafik konilerini aralıklarla diz ve konilerin arasından sür. Konilere deymemeye ve konileri devirmemeye dikkat et!

ضع مخروط المرور على الأرض وقم بقيادة الدراجة حوله. حاول ألا تمسه أو توقعه.

یک مخروط ترافیکی را روی زمین بگذار و به دورش بران. سعی کن با مخروط برخورد نکنی یا آن را نیندازی!

Plasează jaloane și mergi printre ele și în jurul acestora. Încearcă să nu atingi sau să dobori jaloanele!

6 | Schulranzen und Materialien
| Okul sırt çantası ve okul malzemeleri
| الحقائب والمواد المدرسية
| کیف مدرسه و وسایل
| Ghiozdane și materiale

1						
Federmäppchen	**„normaler" Bleistift**	**dicker Bleistift**	**„normale" Buntstifte**	**dicke Buntstifte**	**Fasermaler**	**Wachskreide**
Kalem çantası	"Normal" kurşunkalem	Kalın kurşunkalem	"Normal" renkli kalemler	Kalın renkli kalemler	Keçeli kalem	Mumlu tebeşir
المقلمة	قلم رصاص عادي	قلم رصاص عريض	اقلام التلوين العادية	أقلام التلوين العريض	قلم فلوماستر (قلم تلوين ماجك)	طباشير شمعي
جامدادی	مداد "معمولی"	مداد کلفت	مداد رنگی "معمولی"	مداد رنگی کلفت	ماژیک	مداد شمعی
Penar	Creion "normal"	Creion gros	Creion colorat "normal"	Creion colorat gros	Carioci	Creioane cerate

Schere mit abgerundeter Spitze für Linkshänder	**Radiergummi**	**Anspitzer (dick, dünn)**	**Klebestift**	**Tubenkleber (wie UHU)**	**Füller**	**Tintenpatronen**
Solaklar için yuvarlak uçlu makas	Silgi	Kalemtıraş (kalın, ince)	Tutkal	Yapıştırıcılar (UHU gibi)	Dolmakalem	Mürekkep kartuşları
مقص بحافة مدورة لمستخدمي اليد الشمال.	ممحاة	براية للأقلام السميكة والغير السميكة	قلم الغراء	انبوب صمغ (مثل UHU)	قلم حبر	حبر
قیچی با لبه ی کند برای چپ دست ها	مداد پاک کن	مداد تراش (کلفت، باریک)	چسب قلمی	چسب بمادی (مانند اوهو)	خودنویس	کارتریج های جوهر
Foarfecă cu vârfuri rotunjite pentru stângaci	Radieră	Ascuțitoare (creioane groase, subțiri)	Lipici solid	Adeziv în tub (precum UHU)	Stilou	Rezervă pentru stilou

Lineal	**Tintenkiller**	**Kugelschreiber**	**Hefte**	**DIN A4**	**DIN A5**	**Vokabelheft**
Cetvel	Mürekkep silgisi	Tükenmez kalem	Defterler	A4 standard boy kağıt (210 × 297 mm)	A5 boy kağıt (148 × 210 mm)	Kelime defteri
مسطرة	قلم الحبر	قلم حبر جاف	دفاتر	حجم A4 استاندارد كاغد آلمان DIN 4	حجم A5 استاندارد کاغد آلمان DIN 5	دفتر المفردات
خط کش	جوهر پاک کن	خودکار	دفتر			دفترچه لغت
Liniar	Pic ștergere și corectare	Pix	Caiete	DIN A 4	DIN A 5	Caiet vocabular

Christina Heiligensetzer, Katharina Gotsch: Bildvorlagen für multikulturelle Schülergespräche
© Persen Verlag

6 Schulranzen und Materialien

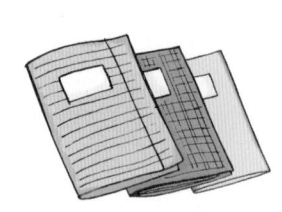

....
Hausaufgabenheft
Ev ödevi defteri
دفتر الواجبات المنزلية
دفترچه مخصوص یادداشت تکالیف شب
Caiet de teme pentru acasă

....
liniert, kariert, blanko
Çizgili, kareli, çizgisiz
مسطر, مربع, ابيض
خط دار, چهارخانه, سفید
dictando, matematică, cu foi veline."

....
farbige Schutzumschläge (rot, blau, grün, gelb, orange, weiß, schwarz)
Renkli kitap kapları (kırmızı, mavi, yeşil, sarı, turuncu, beyaz, siyah)
مغلفات حماية ملونة (احمر , ازرق , اخضر اصفر , برتقالي, ابيض , اسود)
روکش رنگی برای دفتر (قرمز، آبی، سبز، زرد، نارنجی، سفید، سیاه)
Coperți colorate (roșu, albastru, verde, galben, alb, negru)

....
Hefter (rot, blau, grün, gelb, orange, weiß, schwarz)
Plastik telli dosya (kırmızı, mavi, yeşil, sarı, turuncu, beyaz, siyah)
دوسيه بلاستيك (احمر ,ازرق , اخضر ,اصفر , برتقالي, ابيض ,اسود)
پوشه (قرمز، آبی، سبز، زرد، نارنجی، سفید، سیاه)
Capsator (roșu, albastru, verde, galben, alb, negru)

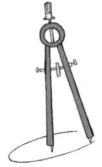
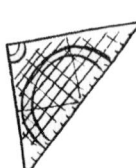

....
dicker Ordner
Kalın klasör
حافظة سميكة للأوراق
پوشه پرونده بزرگ
Dosar gros

....
Zirkel
Pergel
فرجار
پرگار
Compas

....
Geo-Dreieck
Üçgen Cetvel
مثلث
گونیا
Echer

....
Taschenrechner
Hesap makinesi
الة حاسبة
ماشین حساب
Calculator

....
Malkittel
Boyama Önlüğü
صدرية الرسم
لباس نقاشی
Șorț protecție haine, pentru pictură

....
Zeichenblock
Resim defteri
دفتر الرسم
دفتر نقاشی
Bloc desen

....
Hausschuhe
Terlik
شبشب
دمپایی
Papuci de casă

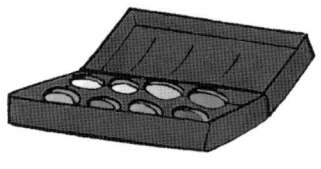

....
Knete
Oyun hamuru
عجين (معجون) (طين اصناعي)
خمیر مدل سازی
Plastilină

....
Sammelmappe
Toplama dosyası
محفظة لجمع الرسم
پوشه
Mapă

....
Wasserbehälter
Su tankı
كأس أو علبة للماء
ظرف آب
Pahar pentru apă

....
Pinsel (verschiedene Pinsel und Pinselgrößen)
Fırçalar (çeșitli büyüklükte fırçalar)
فرشاة رسم (فرش رسم متنوعة ومختلفة الاحجام)
قلم مو (قلم مو به اندازه های مختلف)
Pensule (diferite pensule, diferite grosimi)

....
Läppchen
Küçük bez parçası
فوطة (شققة قماش)
پارچه
Burete, cârpă

....
Deckfarbkasten
Boya kutusu
الطلاء المربع (علبة الألوان)
جعبه آبرنگ
Set acuarele

6 Schulranzen und Materialien

Schulmaterial muss selbst nachgekauft werden.

Her öğrenci okul malzemelerini kendisi satın almak zorundadır.

عليك شراء المستلزمات المدرسية بنفسك.

وسائل مدرسه باید شخصا تهیه شوند.

Rechizitele trebuie cumpărate ulterior, pe cont propriu.

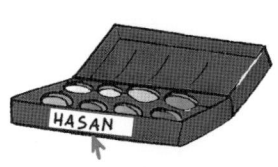

Beschrifte alles mit deinem Namen.

Okul malzemelerinin hepsine adını yaz.

سجل اسمك على جميع أغراضك.

همه را با اسمت برچسب گذاری کن.

Etichetează toate lucrurile cu numele tău.

Binde Schulbücher ein.

Okul kitaplarını kapla.

جلد الكتب المدرسية.

کتاب های مدرسه را جلد کن.

Învelește manualele în coperte.

Nimm nur das mit, was du an dem Tag brauchst.

Sadece o gün için gerekli malzemeleri yanına al.

احضر معك الحاجات التي تحتاجها في اليوم فقط.

فقط چیزی را همراهت بیاور، که در روز نیاز به آن داری.

Ia cu tine doar ce vei folosi în ziua respectivă.

Packe am Abend deinen Schulranzen für den nächsten Tag.

Okul sırt çantanı akşamdan hazırla.

حضر حقيبتك المدرسية في المساء لليوم التالي.

کیف مدرسه ات را عصر برای روز بعد آماده کن.

Pregătește-ți seara ghiozdanul pentru a doua zi.

Trage deinen Schulranzen nicht in der Hand.

Okul sırt çantanı elinde taşıma.

لا تحمل حقيبة المدرسة بيدك.

کیف مدرسه ات را در دست نگه ندار.

Nu purta ghiozdanul în mână.

Ziehe deinen Schulranzen nicht wie einen Koffer hinter dir.

Okul çantanı arkandan bir bavul gibi çekerek taşıma.

لا تجر حقيبة المدرسة كحقيبة سفر.

کیف مدرسه ات را مثل یک چمدان پشت سرت نکش.

Nu-ți trage ghiozdanul pe jos ca pe o valiză.

Trage deinen Schulranzen nicht nur über einer Schulter.

Okul sırt çantanı tek bir omuzunda taşıma.

لا تحمل حقيبة المدرسة على كتف واحد.

کیف مدرسه ات را فقط روی یک شانه ات نینداز.

Nu purta ghiozdanul pe un singur umăr.

Trage deinen Schulranzen über beiden Schultern und ziehe die Gurte straff.

Okul sırt çantanı çift taraflı kullan. Vücuduna yaklaşacak şekilde askılarını sıkılaştır.

احمل حقيبة المدرسة على كتفيك واربط الحزام.

کیف مدرسه ات را روی هر دو شانه ات بینداز و بندها را سفت بکش.

Poartă ghiozdanul pe ambii umeri, cu curelele bine strânse.

Dein Schulranzen sollte Reflektoren haben, damit dich Autofahrer besser sehen.

Araç sürücülerinin seni daha iyi görebilmesi için çantanın üzerinde ışık yansıtıcıları bulunmalıdır.

يجب أن يكون هناك عواكس على الحقيبة المدرسية ليراك سائقوا السيارات.

کیف مدرسه ات باید شب نما داشته باشد، تا راننده ها بهتر قادر به دیدن تو باشند.

Ghiozdanul tău ar trebui să aibă reflectoare, pentru a deveni mai vizibil pentru șoferi.

7 | Schulfächer und Noten
| Dersler ve Notlar
| المواد المدرسية والدرجات
| درس های مدسه و نمره ها
| Materii școlare și note

Schulfächer in der Grundschule
İlkokuldaki dersler
المواد الدراسية في المرحلة الابتدائية
رشته های درسی در دبستان
Materii școlare în învățământul primar

Deutsch
Almanca
اللغة الألمانية
آلمانی
Limba germană

Rechnen
Matematik
الحساب
حساب
Aritmetica

Englisch
İngilizce
اللغة لأنجليزية
انگلیسی
Limba engleză

Ethik
Ahlak dersi
أخلاق
علم اخلاق
Etică

Religion (verschiedene Konfessionen)
Din dersi (Değişik dinler)
الدين (مختلف الطوائف)
دینی
Religie (diferite confesiuni)

Heimat- und Sachkundeunterricht
Yurttaşlık Bilgisi ve Sosyal Bilgiler
التاريخ المحلي والتربية الاجتماعية
درس های اطلاعات عمومی و محلی
Istorie și geografie locală și cunoștințe generale

7 Schulfächer und Noten

Kunst
Resim dersi
الفن
هنر
Artă

Musik
Müzik
الموسيقى
موسیقی
Muzică

Sport
Beden Eğitimi
الرياضة
تربیت بدنی
Educație fizică

Werken und Gestalten
Farklı malzemelerle değişik ürünler yapımı
التصميم والأعمال اليدوية
کاردستی و طراحی
Lucru manual și design

Es gibt Noten von 1 bis 6.
Okul notları 1 – 6 arasındadır.
هناك علامات من 1 الى 6
از نمره 1 تا 6 وجود دارد
Sistemul de evaluare prevede note de la 1 la 6

Note 1 = sehr gut, 2 = gut, 3 = befriedigend, 4 = ausreichend, 5 = mangelhaft, 6 = ungenügend
Notlar: 1=Çok iyi, 2=İyi, 3= Orta, 4= Geçer, 5=Yetersiz, 6= Zayıf
الدرجة 1= جيد جداً، الدرجة 2= جيد، الدرجة 3= مرضية، الدرجة 4= مقبول، الدرجة 5= ضعيف، الدرجة 6= غير كافية
نمره 1= خیلی خوب، نمره 2= خوب، نمره 3=قابل قبول، نمره 4= حد کافی برای قبولی، نمره 5= ناقص، نمره 6= خیلی ضعیف
Nota 1 = foarte bine, 2 = bine, 3 = satisfăcător, 4 = suficient, 5 = nesatisfăcător, 6 = insuficient

---

Es gibt Noten für die mündliche Mitarbeit, zum Beispiel wenn du dich meldest.
Derslere etkin sözel katılım için de sözlü notu verilir.
هناك درجات للمشاركة الشفوية، على سبيل المثال عندما تتحدث.
برای همکاری و فعالیت کلاسی نمره هایی در نظر گرفته شده است، برای مثال وقتی که داوطلب جواب دادن می شوی
Se evaluează răspunsul oral, de pildă primești notă când răspunzi la lecție.

Es gibt Noten für schriftliche Leistungen, zum Beispiel für Tests und Klassenarbeiten.
Test ve sınav gibi yazılı çalışmalar karşılığında da bir not alacaksın.
هناك درجات للأداء الكتابي، على سبيل المثال الاختبارات والأعمال الفصلية.
به امتحانهای کتبی نمره تعلق می گیرد، به عنوان مثال برای امتحانات تستی و فعالیت های کلاسی.
Se evaluează probele scrise, de pildă primești note la teste și teze.

Deine Leistungen sind besser geworden.
Derslerdeki başarın arttı.
أداؤك تحسن.
نتایج تو بهتر شده اند.
Performanța ta școlară s-a îmbunătățit.

Deine Leistungen sind schlechter geworden.
Derslerdeki başarın azaldı.
أداؤك تراجع.
نتایج تو بدتر شده اند.
Performanța ta școlară s-a înrăutățit.

7 Schulfächer und Noten

Ich empfehle dir Nachhilfe.
Özel ders almanı tavsiye ederim.
أنصحك بالدروس الإضافية.
به تو کلاس خصوصی و کمک درسی را توصیه می کنم.
Îți recomand meditații.

Wende dich dazu an:
Bunun için müracaat edeceğin yer / kişi:
تواصل مع:
برای این منظور مراجعه کن به:
În această privință adresează-te la:

....
....
....
....
....
....

An unserer Schule gibt es Unterricht in deiner Muttersprache.
Okulumuzda anadil dersleri verilmektedir.
يوجد في مدرستنا دروس بلغتك الأم.
در مدرسه ی ما امکان تدریس به زبان مادری وجود دارد.
La școala noastră există predare în limba ta maternă.

Lernt jemand nach der Schule mit dir? Wer ist das?
Okuldan sonra herhangi biri ile birlikte ders çalışıyor musun? Kiminle?
هل يتعلم أحد معك بعد المدرسة؟ من هو؟
بعد از مدرسه شخص دیگری با تو درس تمرین می کند؟ چه کسی؟
Mai învață cineva împreună cu tine după școală? Cine?

Hast du nach der Schule oder am Wochenende noch anderen Unterricht, z. B. Islamunterricht oder Sprachunterricht?
Okuldan sonra veya hafta sonunda başka ders alıyor musun? Örneğin İslam din dersi veya yabancı dil dersi.
هل يوجد لديك بعد المدرسة أو في نهاية الأسبوع دروس أخرى، مثل التربية الإسلامية أو اللغة؟
بعد از مدرسه یا آخرهفته کلاس های دیگری هم داری، به عنوان مثال تعلیمات اسلامی یا کلاس زبان؟
Mai ai și alte ore după școală sau în weekend, cum ar fi educația religioasă islamică sau învățarea de limbi străine?

8 | Unterrichtsorganisation
| *Ders organizasyonu*
| تنظيم الدروس
| نظم و انضباطِ کلاس درس
| *Organizarea orelor*

Ruhesymbole
Dinlenme işaretleri
رمز الهدوء
علامت رعایت سکوت
Simboluri pentru linişte

Klangschale
Meditasyon kaseleri
جرس نحاسي
زنگ با کاسه برنجی
Bol tibetan

Pädagogenglocke
Öğretmen zili
جرس المربين
زنگ آموزش
Clopoțelul profesorului

im Unterricht
Ders bölümleri için kronometre
ساعة إيقاف للاستراحة خلال الدرس
زمان سنج برای مراحل درسی در کلاس
Cronometru pentru etapele din cadrul orei

Sanduhr für die Phasen im Unterricht
Dersteki aşamalar için kum saati
ساعة رملية للاستراحة خلال الدرس
ساعت شنی برای مراحل درسی در کلاس
Clepsidră pentru etapele din cadrul orei

Unsere Verhaltensregeln
Davranış kurallarımız
قواعد التعامل لدينا
قوانین رفتاری ما
Regulile noastre de comportament

sich melden
Parmak kaldırıp söz almak
رفع اليد
دست را بالا بردن برای درخواست چیزی
răspunsul la lecție

zuhören
dinlemek
الاستماع
گوش کردن
a asculta

flüstern
fısıldamak
الهمس
پچ پچ کردن
a sufla

schweigen
sessiz durmak
الصمت
سکوت کردن
a tăcea

8 Unterrichtsorganisation

Wir sind freundlich und respektvoll zueinander!

Birbirimize karşı nazik ve saygılıyız!

نحن نحترم ونود بعضاً البعض!

ما نسبت به هم مهربان و با احترام هستیم.

Suntem prietenoși și respectuoși cu ceilalți!

Wir sagen „BITTE" und „DANKE"!

"LÜTFEN" ve "TEŞEKKÜR EDERİM" diyoruz!

نحن نقول "لو سمحت" و"شكراً" !

ما از "لطفا" و "ممنون" در صحبت کردن استفاده می کنیم.

Spunem „TE ROG" și „MULȚUMESC"

Wer im Test vorsagt, abschreibt oder schummelt, bekommt die Note 6.

Sınav sırasında kopya çeken veya hile yapana not olarak 6 puan verilir

من يشوش أو يغش أو ينقل في الامتحان يحصل على الدرجة 6.

کسی که در امتحان با گفتن، نوشتن یا هر روش دیگری تقلب کند، نمره ی 6 می گیرد.

Cine suflă, copiază sau trișează la test primește nota 6.

Deine Füße gehören auf den Boden!

Ayakların yere basmalı!

قدماك مكانهما الأرض !

جای پاهایت روی زمین است!

Picioarele tale trebuie să stea pe podea!

Verhaltensampel: Störst du den Unterricht, kommt dein Name auf das gelbe Feld. Störst du wieder, kommst dein Name auf das rote Feld. Bei guter Mitarbeit kannst du wieder auf Grün kommen. Warst du dreimal auf Rot, werden deine Eltern informiert.

Davranış renkleri: Sınıf düzenini bozarsan, adın sarı bölgeye yazılır. Sınıf düzenini tekrar bozarsan adın kırmızı bölgeye yazılacaktır. Davranışlarına çeki düzen verirsen adın yeniden yeşil bölgeye yazılacaktır. Adın üç kez kırmızı bölgeye yazılırsa velilerine haber verilir.

إشارة المرور للسلوك: سيسجل اسمك في الحقل الأصفر إذا عكرت جو الدرس. إذا تكرر ذلك، سيسجل اسمك في الحقل الأحمر. إذا أحسنت المشاركة سيرجع اسمك للحقل الأخضر. عندما تدخل الحقل الأحمر ثلاث مرات، سيتم إخبار والديك.

چراغ راهنمای رفتاری: اگر در کلاس بی نظمی ایجاد کنی، اسمت در قسمت زرد نوشته می شود، اگر دوباره بی نظمی کنی، اسمت در قسمت قرمز می آید. در صورت خوب همکاری کردن می توانی دوباره به قسمت سبز برگردی. اگر اسمت سه بار در قسمت قرمز آمده باشد، به والدینت اطلاع داده می شود.

Semaforul pentru comportament: Dacă deranjezi ora, numele tău apare în rubrica galbenă. Dacă deranjezi din nou, atunci apare în rubrica roșie. Dacă ești cooperant, treci înapoi pe verde. Dacă ai fost de trei ori pe roșu, părinții tăi vor fi informați.

Während des Unterrichts geht immer nur einer auf die Toilette.

Ders esnasında sadece bir öğrenci tuvalete gidebilir.

يسمح لشخص واحد الذهاب إلى المرحاض خلال الدرس.

موقع تدریس، فقط یک نفر می تواند در یک زمان به دستشویی برود.

În timpul orelor de curs, doar câte un elev are voie la toaletă.

Bitte vor dem Gang zur Toilette beim Lehrer abmelden.

Tuvalete gitmeden önce lütfen öğretmeninden izin al.

يرجى إبلاغ المدرس عن الخروج قبل الذهاب إلى المرحاض.

لطفا قبل از رفتن به توالت خروج خود از کلاس را به معلم اعلام کنیَد.

Cere voie profesorului înainte de a te duce la toaletă.

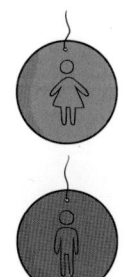

Toilettenampel: Wenn du zur Toilette gehst, drehst du das Schild auf rot - besetzt. Kommst du zurück, drehst du es auf grün – jetzt kann wieder jemand anderes gehen.

Tuvalete gitme kuralları: Tuvalette levhayı kırmızıya çevir. Bu tuvalet dolu demektir. Çıkınca yeşile çevir. Şimdi diğer bir öğrenci gidebilir.

لوحة المرحاض: عندما تذهب للمرحاض قم بقلب اللوحة الى الأحمر - مشغول. وعندما تخرج قم بقلبها الى الأخضر حتى يتمكن الآخرون من استخدامه.

چراغ راهنمای توالت: وقتی به توالت میروی، تابلو را به سمت قرمز برگردان-اِشغال است. وقتی برگشتی، آن را به سمت سبز برگردان-حالا کس دیگری می تواند دوباره به توالت برود.

Semaforul pentru mersul la toaletă: dacă mergi la toaletă, pune indicatorul pe roșu - ocupat. Vii înapoi, pune indicatorul pe verde – liber, acum poate merge și altcineva.

Ich trage meinen Stuhl leise und vorsichtig in den Kreis.

Sandalyemi sessiz ve dikkatli bir şekilde çemberin içine taşıyorum.

أنا أحمل الكرسي بهدوء وحذر في الحلقة.

من صندلی ام را آرام و با احتیاط به دایره ی گروه می برم.

Îmi pun scaunul în cerc, încet și cu grijă.

Wie hat dir der Unterricht heute gefallen?

Ders bugün hoşuna gitti mi?

ما رأيك في درس اليوم؟

درس امروز چطور بود؟

Ți-a plăcut lecția de astăzi?

8 Unterrichtsorganisation

Arbeitsformen
Çalışma şekilleri
أشكال العمل
روش های کاری
Modalități de lucru

Einzelarbeit
Bireysel çalışma
العمل بشكل منفرد
کار و تمرین انفرادی
Lucru pe cont propriu

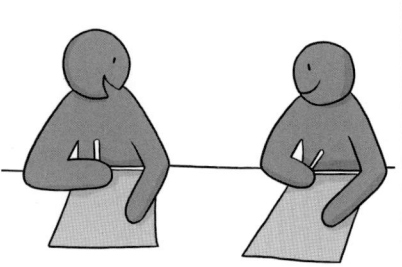

Partnerarbeit
Ortak çalışma
العمل مع زميل
کار و تمرین دو نفره
Lucru în perechi

Stuhlkreis
Sandalye çemberi
حلقة كراسي
دایره ایی از صندلی ها
Cerc de scaune

Sitzkreis
Oturma çemberi
حلقة جلوس
به صورت دایره ایی کنار هم نشستن
Statul în cerc pe jos

Stehkreis
Ayakta durma çemberi
حلقة وقوف
به صورت دایره ایی کنار هم ایستادن
Statul în cerc în picioare

„Tafelkino"
"Tahta sineması"
سينما على السبورة
سینمای پا تخته ای
„Cinematograful de la tablă"

Gruppenarbeit
Grup çalışması
العمل في مجموعات
کار و تمرین گروهی
Lucru în grupuri

Christina Heiligensetzer, Katharina Gotsch: Bildvorlagen für multikulturelle Schülergespräche
© Persen Verlag

8 Unterrichtsorganisation

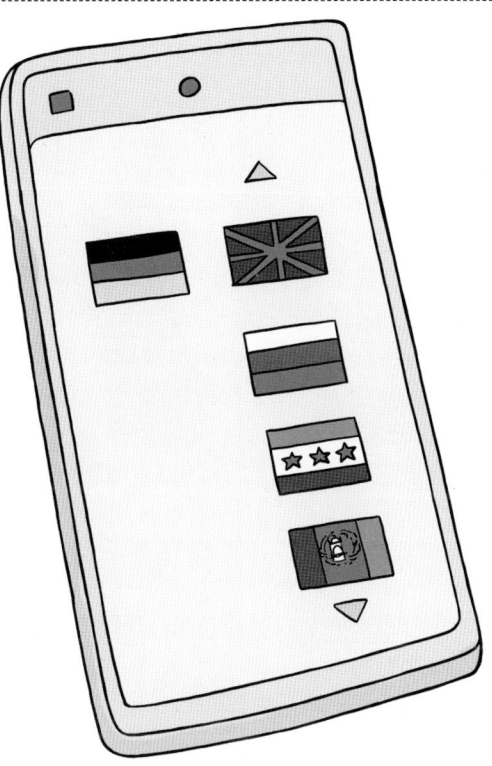

Suche eine Wörterbuch-App für dein Smartphone in Deutsch und deiner Muttersprache und lade sie herunter.
Akıllı telefonun için Almanca ve anadilinde bir Sözlük-Uygulaması ara ve telefonuna yükle.
ابحث عن تطبيق قاموس لموبايلك باللغة الألمانية ولغة بلدك ونزله.
برای موبایلت یک اپلیکیشنِ فرهنگ لغات به زبان آلمانی و به زبان مادریت جستجو کن و آن را دانلود کن.
Caută și instalează o aplicație dicționar german / limba ta maternă pentru smartphone-ul tău.

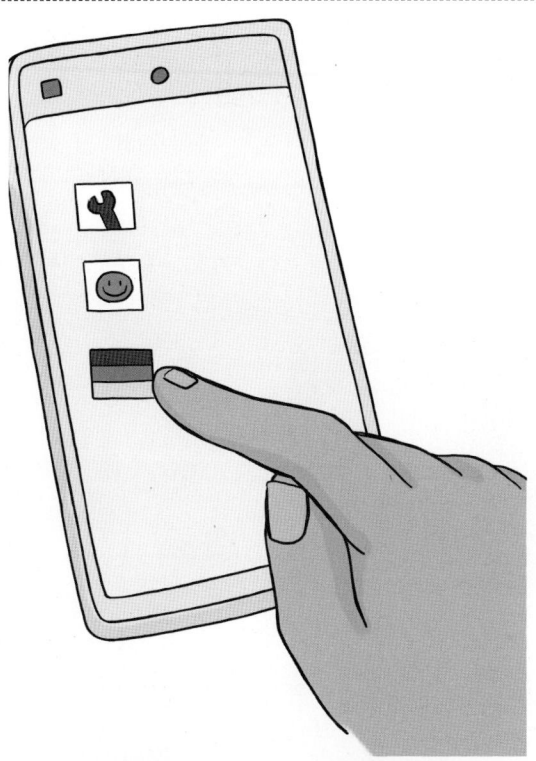

Öffne die Wörterbuch-App auf deinem Smartphone.
Akıllı telefonunda Sözlük-Uygulamasını aç.
افتح تطبيق القاموس في موبايلك.
اپلیکیشنِ فرهنگ لغات را در موبایلت باز کن.
Deschide aplicația de pe smartphone.

Bitte schlage in der Wörterbuch-App folgendes Wort nach:
Sözlük-Uygulamasında aşağıdaki kelimeleri ara:
من فضلك أدخل الكلمات التالية في القاموس:
لطفا در اپلیکیشنِ فرهنگ لغات کلمه ای که در ادامه آمده جستجو کن:
Caută următorul cuvânt în aplicație:

8 Unterrichtsorganisation

Klassendienste
Sınıf içindeki görevler
خدمات الصف/ الفصل
وظایف کلاسی
Diferitele sarcini din clasă

Klassenbuchdienst
Sınıf defteri görevi
دمة توزيع الكتب
وظیفه ی نگهداری از دفتر انظبات
Aducerea catalogului

Tafeldienst
Tahta görevi
خدمة السبورة
وظیفه مربوط به تخته کلاس
Ștergerea tablei

Botendienst
Rutin kurye işleri
خدمة المراسلات
وظیفه ی اطلاع رسانی
Curierat

Austeildienst
Dağıtım görevi
خدمة توزيع الأوراق
وظیفه ی توزیع
Distribuire

Einsammeldienst
Toplama görevi
خدمة جمع الأوراق
وظیفه ی جمع آوری
Colectare

Kehrdienst
Süpürme görevi
خدمة تنظيف الأرض
وظیفه ی جارو کش و رفت و روب
Curățenie

Pflanzendienst
Bitki görevi
خدمة تنظيف الأرض
وظیفه ی مربوط گیاهان
Îngrijirea plantelor

Tischdienst
Masa servisi
المساعدة في تهيئة مائدة الطعام
وظیفه چیدن و تمیز کردن میز
Serviciul la cantină școlară

Datumsdienst
Tarih tutma görevi
خدمة التاريخ
وظیفه ی مربوط به تقویم و تاریخ
Notarea datei

Mediendienst
Medya görevi
خدمة الإعلام
وظیفه ی مربوط به رسانه ها
Sarcini legate de comunicare

9 | Im Sportunterricht
| *Spor dersinde*
| في درس الرياضة
| در کلاس ورزش
| *La ora de sport*

Sporthalle
Spor salonu
صالة رياضية
سالن ورزش
Sala de sport

Sportplatz / Stadion
Spor alanı / Stadyum
مكان رياضي / إستاد
زمین ورزش / استادیوم
Terenul de sport / stadionul

Mein Verhalten in der Umkleidekabine
Soyunma odasında uymam gereken kurallar
كيف أتصرف في غرفة تبديل الملابس
رفتار من در رختکن
Comportamentul meu în vestiar

Ich suche mir einen Platz.
Soyunmak için kendime bir yer ararım.
أبحث عن مكان لي.
من یک جا برای خودم پیدا می کنم.
Îmi caut un loc.

Ich hänge meine Jacke auf.
Ceketimi asıyorum.
أعلق جاكيتتي فيه.
من ژاکتم را آویزان می کنم.
Îmi pun haina în cuier.

Ich stelle meine Schuhe unter die Bank.
Ayakkabılarımı sıranın altına koyarım.
أضع حذائي تحت المقعد.
من کفش هایم را زیر نیمکت قرار می دهم.
Îmi pun încălțămintea sub bancă

Ich lege meine Kleider ordentlich zusammen auf die Bank.
Elbiselerimi güzelce katlayıp sıranın üstüne koyarım.
أضع ملابسي بشكل مرتب على المقعد.
من لباس هایم را مرتب روی نیمکت می گذارم.
Îmi pun hainele ordonat pe bancă.

Ich ziehe mich leise um.
Sessizce üzerimi değiştiriyorum.
أغير ملابسي بهدوء.
من به آرامی و بی سر و صدا لباس هایم را عوض می کنم.
Mă schimb în liniște.

9 Im Sportunterricht

Ich trödle nicht.
Soyunup giyinirken hiç vakit kaybetmem.
لا أتباطئ.
من وقت تلف نمی کنم.
Nu trag de timp.

Ich gebe meinen Schmuck dem Schmuckdienst.
Takılarımı, takıları saklama görevlisine veririm.
أقوم بتسليم الحِلِي في مكتب الامانات.
من زیورآلاتم را به محل نگهداری زیورآلات تحویل می‌دهم.
Predau bijuteriile spre păstrare.

Sportkleidung
Spor kıyafetleri
ملابس الرياضة
لباس ورزشی
Echipamentul de sport

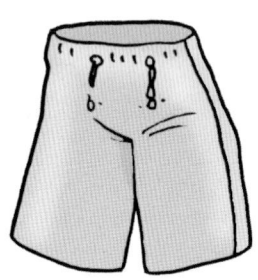

kurze Hose
Kısa pantolon
سروال قصير
شلوار کوتاه
Pantaloni scurți / șort

lange Hose
Uzun pantolon
سروال طويل
شلوار بلند
Pantaloni lungi

T-Shirt
Tişört
قميص
تی شرت
Tricou

Turnschuhe für die Halle mit heller Sohle
Spor salonu için açık renk tabanlı spor ayakkabısı
حذاء رياضي للصالة أسفله فاتح اللون
کفش ورزشی با کفه ی روشن برای سالن
Încălțăminte sport pentru sală, cu talpă deschisă la culoare

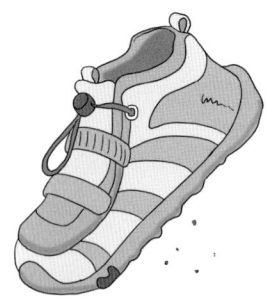

Turnschuhe für den Sportplatz
Spor sahası için spor ayakkabı
حذاء رياضي لمكان الرياضة
کفش ورزشی برای زمین ورزشی
Încălțăminte sport pentru terenul de sport

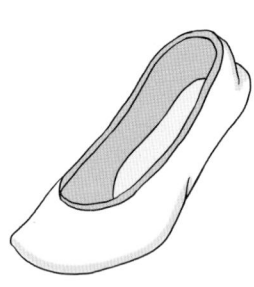

Turnschläppchen
Jimnastik ayakkabıları
خفافة رياضية
کفش ورزشی انعطاف پذیر
Încălțăminte pentru gimnastică

9 Im Sportunterricht

nicht barfuß / in Strümpfen turnen
Çıplak ayak veya çorap ile jimnastik yapılmaz.

لاتجوز ممارسة الرياضة بحافي القدمين
أو بالجوارب

با پای برهنه یا باجوراب ورزش نکنید
Nu face sport desculț / încălțat doar cu șosete

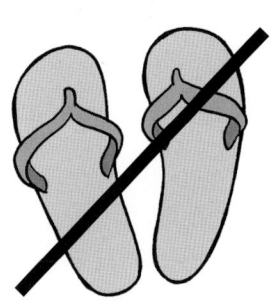

keine Schläppchen
Terlik ile beden eğitimi dersi olmaz.

لا يجوز لبس الشبشب

دمپایی نپوشید
Nu încălțat cu șlapi / papuci

lange Haare zusammenbinden
Uzun saçları toplayın.

ربط الشعر الطويل

جمع کردن و بستن موهای بلند
prinderea părului lung

keine Brillen
Beden Eğitimi dersine gözlüksüz katılmak gerekir.

لايجوز لبس النظارة إثناء الرياضة

عینک نپوشید
Fără ochelari

gemeinsamer Unterricht von Jungen und Mädchen
*Kız ve erkek öğrenciler birlikte
ders görürler.*

الدرس المشترك بين الأولاد والبنات

کلاس درس مشترک دخترانه و پسرانه
Ora de educație fizică în comun pentru băieți și fete

getrennter Unterricht von Jungen und Mädchen
*Kız ve erkek öğrenciler ayrı ayrı
ders görürler.*

الدرس المنفصل بين الأولاد والبنات

کلاس درس جداگانه دخترانه و پسرانه
Ora de educație fizică băieți și fete separat

Ich darf / möchte keinen gemischten Sportunterricht haben.
Kızlı-erkekli spor dersine katılmak istemiyorum / katılamıyorum.

لا أريد / يسمح لي المشاركة في الرياضة المختلطة.

من اجازه ندارم / نمی خواهم کلاس ورزش مختلط داشته باشم.
Nu am voie / nu vreau să particip la ore de sport mixte.

9 Im Sportunterricht

Mein Verhalten in der Sporthalle
Spor salonunda uymam gereken kurallar
كيف أتصرف في صالة الرياضة
رفتار من در سالن ورزش
Comportamentul meu în sala de sport

Ich warte auf die Erlaubnis des Lehrers, bevor ich an Geräten turne.
Spor aletlerinde hareket yapmadan önce öğretmenin izin vermesini beklerim.
أنتظر حتى يسمح لي المدرس باستخدام الآلات للتدريب.
من منتظر اجازه ی معلم می مانم، قبل از اینکه شروع به کار با وسائل ژیمناستیک کنم.
Aștept permisiunea profesorului înainte de utilizarea echipamentelor.

Ich gehe nur auf Bitte des Lehrers in den Geräteraum.
Spor aletleri odasına sadece öğretmenin ricası üzerine giderim.
لا أدخل صالة الآلات إلا بإذن المدرس.
من فقط به درخواست معلم به اتاق وسائل می روم.
Merg în camera de echipamente doar dacă îmi indică profesorul

Ich warte. Es kann nur einer an der Station turnen.
Sıramı beklerim. Her alette sadece bir kişi hareket yapabilir.
أنتظر. يسمح لشخص واحد فقط التدرب في المحطة.
من منتظر می مانم. فقط یک نفر می تواند در بخش ژیمناستیک تمرین کند.
"Aștept. Doar câte o singură persoană are voie să exerseze la un echipament sportiv.

Ich drängle mich nicht vor.
Öne geçmeye çalışmam.
لا أزاحم.
من در صف از دیگران جلو نمی زنم.
Nu mă împing să mă strecor în față.

Ich räume meine Station auf und wechsle zur nächsten, wenn ein Signal ertönt.
Sinyal sesini duyunca bir aletten diğer alete geçerim.
عند سماع الإشارة أقوم بترتيب الجهاز الرياضي الذي أستعمله ثم أنتقل للآخر.
اگر سیگنال به صدا در بیاید، بخشام را مرتب می کنم و به بخش دیگری می روم.
Când aud semnalul sonor, fac ordine la echipamentul meu și continui la următorul.

Ich helfe beim Auf- und Abbau.
Spor aletlerinin kurulup kaldırılmasına yardım ederim.
أساعد في التركيب والتفكيك.
من در سر هم کردن و جدا کردن کمک می کنم.
Ajut la montarea și demontarea echipamentelor.

Aufräumdienst
Ortalığı derleyip toplama görevi
مهمة الترتيب
وظیفه ی مرتب و منظم سازی
Sarcini legate de curățenie

9 Im Sportunterricht

Sicherheit
Güvenlik
الأمن
ایمنی
Siguranță

kleine Matten - vier Kinder
Küçük minder - dört çocuk
حصيرة صغيرة ـ 4 أطفال
تشک های کوچک - چهار کودک
saltea antrenament mică - patru copii

kleiner Kasten - zwei Kinder
Küçük sandık - iki çocuk
صندوق صغير - طفلان
جعبه کوچک - دو کودک
lădiță de gimnastică mică - doi copii

Kastenoberteil - zwei Kinder
Sandığın üst kısmı - iki çocuk
النصف العلوي للصندوق - طفلان
قسمت بالای جعبه - دو کودک
capac superior lădiță gimnastică - doi copii

Bank - sechs Kinder
Sıra - altı çocuk
أريكة ـ 6 أطفال
نیمکت - شش کودک
banca pentru gimnastică - șase copii

Weichbodenmatten - sechs Kinder
Yumuşak zemin minderleri - altı çocuk
حصيرة طرية ـ 6 أطفال
تشک کف نرم - شش کودک
saltea moale pentru gimnastică - șase copii

Großgeräte nur mit Lehrer aufbauen!
Büyük spor aletleri sadece öğretmenin yardımıyla kurulur.
تركيب الأجهزة الكبيرة فقط مع المدرس !
وسائل بزرگ را فقط با معلم سر هم کنید!
Echipamentele mari se montează doar împreună cu profesorul!

Setz dich nicht auf den Mattenwagen!
Minderleri taşıyan arabanın üzerine çıkma!
لا تجلس على عربة الحصائر !
روی وسیله حمل تشک ها ننشین!
Nu te așeza pe căruciorul pentru transportul articolelor sportive!

Schiebe Geräte mit Rollen nur zusammen mit deinem Lehrer!
Tekerlekli aletleri sadece öğretmeninle birlikte kaydır.
لا تدفع الأجهزة ذات العجلات إلا بمساعدة مدرسك !
وسائل چرخ دار و متحرک را فقط با همراهی معلم ات حرکت بده!
Echipamentele cu role se vor deplasa doar împreună cu profesorul!

Christina Heiligensetzer, Katharina Gotsch: Bildvorlagen für multikulturelle Schülergespräche
© Persen Verlag

9 Im Sportunterricht

Arbeitsformen
Çalışma şekilleri
أشكال العمل
روش های کاری و تمرین کردن
Forme de lucru

Liegekreis
Yere yatarak çember oluşturmak
دائرة استلقاء على الأرض
به صورت دایره ای کنار هم دراز کشیدن
Copii formează un cerc stând culcați

Freies Spiel
Serbest oyun
لعبة حرة
بازی با انتخاب خود
Joc liber

Partnerarbeit
İki öğrencinin birlikte çalışması
العمل مع زميل
کار و تمرین دو نفره
Lucrul în perechi

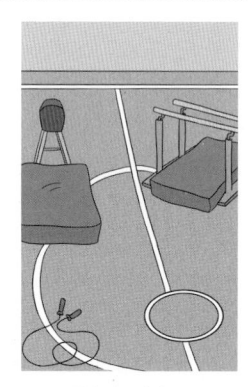

Zirkeltraining
Dairesel çalışma
دائرة تدريب
به صورت دایره‌ای تمرین کردن
Antrenament în circuit

Sitzkreis zur Aufgabenbesprechung
Görevlerle ilgili konuşmalarda oturma şekli
حلقة جلوس لمناقشة المهام
به صورت دایره ای کنار هم نشستن برای گفتگو در مورد تکالیف
Copii formează un cerc stând pe jos pentru discutarea sarcinilor

Theoriestunde
Teorik dersler
ساعة نظرية
زمان آموزش تئوری
Oră de teorie

Fragen stellen
Soru sormak
طرح الأسئلة
سؤال پرسیدن
Punerea întrebărilor

9 Im Sportunterricht

Im Sportunterricht
Beden eğitimi dersinde
في درس الرياضة
در کلاس ورزش
În cadrul orei de sport

Trinkpause
Bir şeyler içmek için mola
استراحة شرب
استراحت کوتاه برای نوشیدن
Pauză de băut apă

Laufen
Yürümek
مشي
راه رفتن
Alergarea

Seilspringen
İp atlamak
قفز الحبل
طناب زدن
Săritul corzii

Aufwärmen
Isınma hareketleri
تحمية
گرم کردن
Încălzireu

Hilfestellung geben
Yardım pozisyonu
تقديم المساعدة
یاری رساندن
Acordarea de asistență

Wie geht das? Schau zu!
Bu nasıl yapılıyor? Dikkatle izle!
كيف يتم ذلك؟ أنظر!
این چطوری کار می کند؟ نگاه کن!
Cum se face asta? Privește!

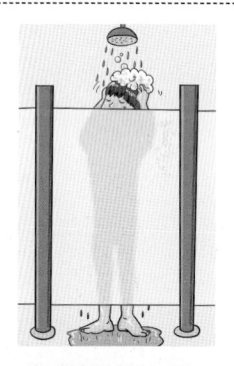

Nach dem Unterricht: Duschen nicht vergessen!
Beden eğitimi dersinden sonra duş almayı unutma!
بعد الدرس: لا تنس الاستحمام.
بعد از تمرین: دوش گرفتن فراموش نشود!
După oră: nu uita să faci duș!

Du musst nicht jede Übung gut schaffen. Das Wichtigste ist, dass du dir Mühe gibst.
Eksersizlerin hepsini de iyi yapmak zorunda değilsin. Önemli olan çaba göstermendir.
لا ينبغي عليك النجاح في كل تمرين. المهم أن تبذل الجهد المناسب.
تو مجبور نیستی به خوبی از پس هر تمرینی بر بیایی، مهم این است که تلاش خودت را بکنی.
Nu trebuie să reușești fiecare exercițiu. Cel mai important lucru este să te străduiești.

Wenn du nicht mitturnen kannst, brauchst du eine Entschuldigung.
Beden eğitimi dersine katılamazsan, özür yazısı getirmelisin.
عندما تكون غير قادر على المشاركة في الجري، قدم عذراً.
اگر نمی توانی در ژیمناستیک شرکت کنی، باید توجیه ودلیل داشته باشی.
Dacă nu poți participa la exerciții, ai nevoie de o scutire.

10 | Im Schwimmunterricht

Yüzme dersinde

| في درس السباحة

| در کلاس شنا

| *La ora de înot*

---

die Schwimmhalle
Yüzme havuzunda
صالة السباحة
سالن شنا
sala bazinului de înot

gemeinsamer Schwimmunterricht von Jungen und Mädchen
Kız ve erkek öğrenciler yüzme dersine birlikte katılırlar.
دروس السباحة المشتركة للذكور والإناث
کلاس شنای مشترک دخترانه و پسرانه
Oră de înot comun pentru băieți și fete

getrennter Schwimmunterricht von Jungen und Mädchen
Kız ve erkek öğrenciler yüzme dersine ayrı ayrı katılırlar.
دروس السباحة المنفصلة للذكور والإناث
کلاس شنای جداگانه دخترانه و پسرانه
Oră de înot băieți și fete separat

Ich darf / möchte keinen gemischten Schwimmunterricht haben.
Kızlı-erkekli yüzme dersine katılmak istemiyorum / katılamıyorum.
لا أريد / يسمح لي المشاركة في درس السباحة المشترك.
من اجازه ندارم / نمی خواهم کلاس شنای مختلط داشته باشم.
Nu am voie / nu vreau să particip la cursuri de înot mixte.

Ich habe meine Periode.
Adet kanamam var.
عندي الدورة الشهرية.
من پریود هستم.
Sunt la ciclu.

Befreiung möglich
Yüzme dersinden muaf tutulmak mümkündür.
يمكن الإعفاء من دروس السباحة
معاف شدن امکان پذیر است
Scutirea este posibilă

Befreiung nicht möglich
Yüzme dersinden muaf tutulmak mümkün değildir.
لا يمكن الإعفاء من دروس السباحة
معاف شدن امکان پذیر نیست
Scutirea nu este posibilă

10 Im Schwimmunterricht

Schwimmkleidung
Yüzme kıyafeti
ملابس السباحة
لباس شنا
Echipament de înot

... für Mädchen: Badeanzug, Bikini, Burkini
... kızlar için: Mayo, bikini, haşama
للبنات: بدلة سباحة، بكيني، بوركيني
... برای دخترها: مایو، بیکینی، بورکینی
... pentru fete: costum de baie, bikini, burkini

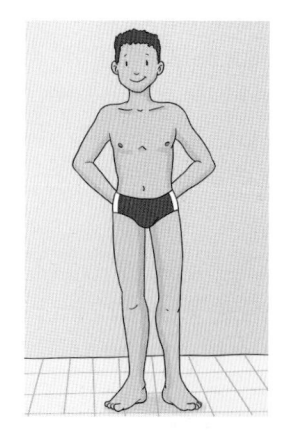

... für Jungen: Badehose (ohne Unterhose)
... erkekler için: Mayo (külotsuz)
للأولاد: مايوه سباحة (بلا سروال داخلي)
... برای پسرها: مایو (بدون شورت)
... pentru băieți: slip (nu și chiloți)

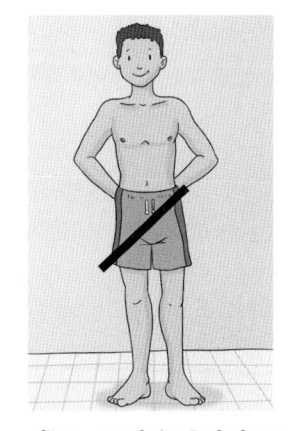

... für Jungen: keine Badeshorts
... erkekler için: şort olmayacak
للأولاد: تجنب شورت السباحة
... برای پسرها: بدون مایو شورتی
... pentru băieți: nu sunt permiși pantalonii scurți

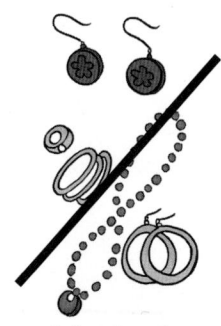

kein Schmuck
Beden Eğitimi dersinden önce tüm takılar çıkartılmalıdır.
لا يجوز لبس الحلي إثناء الرياضة
لوازم زینتی نپوشید
Fără bijuterii

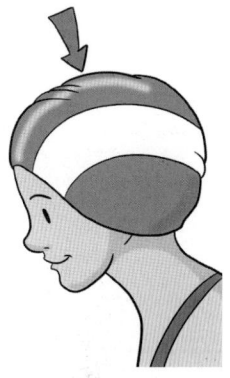

Badekappe
Bone
قبعة سباحة
کلاه شنا
Cască de înot

Schwimmbrille
Yüzme gözlüğü
نظارات سباحة
عینک شنا
Ochelari de înot

sich umziehen
Kıyafetini değiştirmek
تغيير الملابس
لباس عوض کردن
schimbarea

Badeschlappen
Banyo terliği
شبشب السباحة
دمپایی استخر
Şlapi

10 Im Schwimmunterricht

Das muss ich mitbringen:
Yanımda bunları getirmeliyim:
يجب علي جلب هذه الأشياء:
این را باید با خودم به همراه بیاورم:
Ce trebuie să aduc eu:

Mütze
Yüzme bonesi
قبعة / طاقية
کلاه
Cască de înot

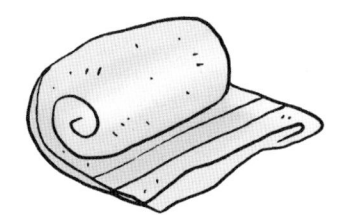

Handtuch
Havlu
منشفة
حوله
Prosop

Seife / Duschgel
Sabun / duş jeli
صابون/
هلام الاستحمام
صابون / صابون مایع دوش
Săpun / gel de duș

Kamm
Tarak
مشط
شانه
Pieptăn

1 Euro als Pfand fürs Schließfach
Soyunma kabininde dolap için depozit olarak 1 €
يورو واحد لخزانة تغيير الملابس
یک یورو بعنوان گروی برای صندوق امانت
1 Euro pentru vestiarul cu monedă

10 Im Schwimmunterricht

Unsere Baderegeln
Yüzme havuzunda uyulması gereken kurallar
قواعد السباحة لدينا
قوانین شنای ما
Regulile noastre pentru înot

Ich dusche vor und nach dem Schwimmen.
Yüzmeden önce ve sonra duş almalıyım.
أغسل جسمي قبل وبعد السباحة.
من قبل و بعد از شنا کردن دوش می گیرم.
Fac duș înainte și după înot.

Ich schubse niemanden ins Wasser.
Hiç kimseyi havuza itmiyorum.
لا أدفع أحداً في الماء.
من هیچ کس را در آب هول نمی دهم.
Nu împing pe nimeni în apă.

Ich tauche niemanden unter.
Hiç kimseyi suyun altına bastırmıyorum.
لا أغطس بالمرة.
من هیچ کس را زیر آب فرو نمی کنم.
Nu scufund pe nimeni.

Ich helfe anderen.
Başkalarına yardım ederim.
أساعد الآخرين.
من به بقیه کمک می کنم.
Îi ajut pe ceilalți.

Ich springe nicht vom Rand.
Havuzun kenarından suya atlamıyorum.
لا أقفز من الطرف.
من از لبه نمی پرم.
Nu sar de pe margine.

Ich höre auf die Anweisungen des Lehrers.
Öğretmenimin talimatlarına uyuyorum.
ألتزم بتعليمات المدرس.
من به راهنمایی های معلم توجه می کنم.
Ascult instrucțiunile profesorului.

Außerhalb des Beckens trage ich Badeschlappen.
Havuzun dışında gezerken terliklerimi giyerim.
خارج حوض السباحة أرتدي شحاطة السباحة.
من خارج از استخر کفش شنا می پوشم.
În afara bazinului port papuci pentru bazin.

In der Schwimmhalle nicht rennen – Ausrutschgefahr!
Yüzme havuzunda koşturmuyorum. Kayıp düşebilirim.
لا تجري في صالة السباحة بسبب خطر التزحلق.
در سالن شنا ندوید - خطر لیز خوردن!
Atenție, pericol de alunecare! Nu alerga în incinta bazinului!

Christina Heiligensetzer, Katharina Gotsch: Bildvorlagen für multikulturelle Schülergespräche
© Persen Verlag

10 Im Schwimmunterricht

In der Schwimmhalle
Yüzme havuzunda
في صالة السباحة.
در سالن شنا
În incinta bazinului

Schwimmflügel
Yüzme kolluğu
أجنحة السباحة الهوائية.
بازوبندهای کمکی شنا
Aripioare înot

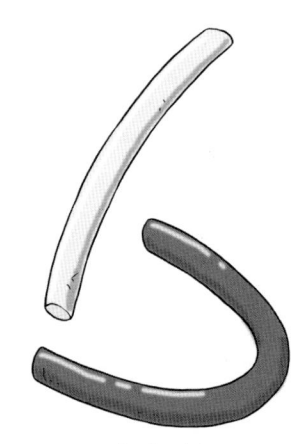

Poolnudel
Yüzme makarnası
كيس السباحة الهوائي الدودي الشكل
میله کمکی شنا
Baghetă înot

Schwimmbrett
Yüzme tahtası
لوح السباحة
تخته ی کمکی شنا
Placă înot

Tauchring
Dalma halkası
حلقة الغطس
حلقه ی کمکی شنا
Inel pentru scufundări

Startblock
Başlama kutusu
منصة الإنطلاق
بلوک شروع
Bloc de start înot

Schwimmer
Yüzme bilenler
سباح
شناگر
Înotător

Nichtschwimmer
Yüzme bilmeyenler
غير سباح
غیر شناگر
Neînotător

Bademeister, -in
Havuz görevlisi
معلم / معلمة السباحة
غریق نجاتِ آقا / -خانم
Supraveghetor bazin înot

11 | In der Pause
| *Teneffüste*
| في الاستراحة
| به هنگام زنگ تفریح
| *În pauză*

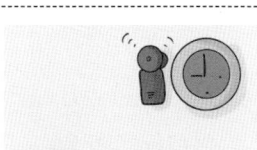

Bitte halte dich an die Pausenzeiten.

Lütfen teneffüs saatlerine uy.

من فضلك إلتزم بأوقات الاستراحة.

لطفا تا زمان زنگ های تفریح صبر کن.

Respectă intervalele de pauză.

Bleibe während der Pause auf dem Schulgelände.

Teneffüslerde okul sahasının dışına çıkma.

لا تغادر مرافق المدرسة خلال الاستراحة.

در زمان زنگ تفریح در محوطه ی مدرسه بمان.

Rămâi în incinta școlii în timpul pauzelor.

Gehe zur Pausenaufsicht, wenn du Streit bemerkst.

Öğrencilerin kavga ettiğini görürsen, bunu hemen nöbetçi öğretmene bildir.

راجع مشرف الاستراحة عندما ترى حالة نزاع.

اگر متوجه دعوا شدی، نزد ناظم برو.

În caz de conflict, adresează-te profesorilor care supraveghează elevii în pauză.

Auf dem Schulgelände wird nicht geraucht!

Okul sahasında sigara içilmez.

التدخين ممنوع في مرافق المدرسة.

سیگار کشیدن در محیط مدرسه ممنوع است!

Este interzis fumatul în incinta școlii!

In der Klassenkasse sammeln wir Geld, das wir für alle ausgeben. Zum Beispiel für:

Sınıf kasasına hepimiz iciş harcamak üzere para toplarız. Toplanan paraları örneğin:

نجمع في صندوق المدرسة النقود التي نصرفها في عدة وجوه. على سبيل المثال:

پولی که در قلک کلاس جمع می کنیم، برای همه استفاده می شود. به عنوان مثال برای:

La fondul clasei se strâng bani care se vor cheltui pentru toți elevii. De exemplu pentru:

Bücher

Kitap

الكتب

کتاب ها

Cărți

Kopien

Fotokopi

الطباعة

کپی ها

Copii xerox

Trinken

İçecek

الشرب

نوشیدنی

Băuturi (răcoritoare)

Essen

yiyecek için harcarız.

الأكل

غذا

Alimente

11 In der Pause

Bitte zu zweit aufstellen.
Lütfen ikişer ikişer sıralanınız.
الرجاء الوقوف كل اثنين معا
لطفا به صورت دونفره صف ببندید.
Așezați-vă în rând, în perechi.

Bitte die Toilette sauber halten.
Lütfen tuvaleti temiz tutalım.
الرجاء المحافظة على نظافة المراحيض.
لطفا توالت را تمیز نگه دارید.
Vă rugăm să păstrați toaleta curată.

Bitte ziehe eine warme Winterjacke an.
Lütfen sıcak tutan bir kış paltosu giy.
يرجى لبس جاكيت شتوي دافئ.
لطفا یک کاپشن زمستانی گرم بپوش.
Te rugăm să te îmbraci cu o haină călduroasă de iarnă.

Bitte ziehe Winterstiefel an.
Lütfen kış çizmesi giy.
يرجى لبس حذاء شتوي طويل.
لطفا چکمه زمستانی بپوش.
Te rugăm să porți cizme de iarnă.

Bitte ziehe dir eine Regenjacke an und setze die Kapuze auf.
Lütfen yağmurluğunu giy ve yağmur başlığını tak.
يرجى لبس جاكيتة مطر ووضع قبعة الرأس الشتوية.
لطفا یک بارانی بپوش و کلاه بارانی را سرت بگذار.
Te rugăm să te îmbraci cu o haină de ploaie și să îți pui gluga.

Benutze einen Regenschirm.
Şemsiye kullan.
استخدم مظلة المطر.
از چتر استفاده کن.
Folosește o umbrelă.

Ziehe zum Spielen eine Matschhose an.
Oyun oynarken oyun pantolonu giy.
ارتدي البنطال الواقي من الطين أثناء اللعب
برای بازی شلوار مخصوص گِل و لای بپوش.
La joacă poartă pantaloni de ploaie și noroi..

Bitte ziehe einen Schal an.
Lütfen boynuna bir atkı tak.
لو سمحت ارتدي شالاً.
لطفا شال بپوش.
Te rugăm să porți un fular.

Bitte setze eine Mütze auf.
Lütfen bir bere tak.
لو سمحت البس قبعةً.
لطفا کلاه سرت کن.
Te rugăm să porți o căciulă.

Bitte ziehe Handschuhe an.
Lütfen eldiven giy.
لو سمحت ارتدي القفازات.
لطفا دستکش بپوش.
Te rugăm să îți pui mănușile.

Hier kann man Kleiderspenden holen:
Bu yerlerden giyecek yardımı alınabilir.
هنا يمكن الحصول على تبرعات الملابس:
در اینجا می توانید لباسهای اهداشده را دریافت کنید:
De aici se poate lua îmbrăcăminte donată:

....

....

....

....

....

....

12 | Ganztag
| Tam gün okul
| دوام مدرسي طوال اليوم
| ۱۸تمام روز
| Școală cu program prelungit

Hausschuhe mitbringen
Terlik getiriniz.
جلب حذاء منزلي
دمپایی با خود بیاورید
A aduce papuci de casă

Hausaufgabenbetreuung
Ev ödevlerine yardım
المساعدة في إنجاز الواجبات المدرسية
سرپرست مسئول تکالیف شب
Supravegherea lecțiilor

Selbstlernzeiten
Kendi kendine çalışma saatleri
أوقات التعليم الذاتي
ساعات خودیادگیری
Timp de studiu individual

Ruhezeiten
Dinlenme zamanı
اوقات الهدوء
ساعات استراحت
Timp de liniște

12 Ganztag

Arbeitsgemeinschaften („AGs")
Çalışma toplulukları ("AGs")
جمعية تعاونية
گروه های کاری
Asociații de lucru ("AGs")

Sport
Spor
الرياضة
ورزش
Sport, educație fizică

freies Spiel
Çocuğun istediği oyunu oynaması
لعبة حرة
بازی آزاد
Joc liber

Toben
Açık havada oyun oynamak
أوقات اللعب
جست و خیز کردن
Alergare

Musik
Müzik
الموسيقى
موزیک
Muzică

Kunst
Sanat
الفن
هنر
Artă

Technik
Teknik
التقنية
فنی
Tehnică

Experimentieren
Deney yapmak
التجارب العلمية
آزمایش
Experimente

Werken
Farklı malzemelerle değişik ürünler yapımı
أعمال
کاردستی
Ateliere

12 Ganztag

Schulgarten
Okul bahçesi
حديقة المدرسة
باغچه مدرسه
Grădina școlii

Theater
Tiyatro
مسرح
تئاتر
Teatru

Selbstverteidigung
Kendi kendini savunma
الدفاع عن النفس
دفاع شخصی
Autoapărare

Basteln
Elişleri yapmak
أشغال الرسم
کار دستی
A tăia, decupa, lipi

12 Ganztag

Essen
Yemek
الأكل
غذا
Mâncare

vor der Schule frühstücken
Çocuk okula gelmeden önce kahvaltı etmelidir.
يجب تناول الفطور قبل الذهاب إلى المدرسة
قبل از مدرسه صبحانه بخورید
Mănâncă micul dejun înainte de școală

---

gesundes Pausen"brot": z. B. Vollkornbrot mit Käse oder Wurst, Gurke, Tomaten, Apfel, Banane
Teneffüslerde yenilebilecek sağlıklı yiyecekler: Örneğin: peynirli veya salamlı, salatalıklı domatesli tam buğday ekmeği, elma, muz
الاستراحة الصحية "الخبز": خبز كامل مع جبن أو سجق، خيار،بندورة، تفاح، موز
"خوراکی" های سالم برای زنگ تفریح: برای مثال نان سبوس دار با پنیر یا سوسیس، خیار، گوجه فرنگی، سیب، موز
gustare sănătoasă pentru pauză: de exemplu pâine integrală cu brânză sau salam, castraveți, roșii, mere, banane

---

ungesundes Pausen"brot": Weißbrot, Kekse, Süßigkeiten
Teneffüslerde yenilmemesi gereken sağlıksız yiyecekler: Beyaz ekmek , bisküvit, tatlı ve şekerlemeler
استراحة غير صحية "الخبز": خبز أبيض، كيكسة، حلويات.
"خوراکی" های ناسالم برای زنگ تفریح: نان سفید، بیسکوئیت، شیرینی جات
gustare nesănătoasă pentru pauză: pâine albă, biscuiți, dulciuri

---

gesunde Getränke: Wasser, Tee, Saftschorle
sağlıklı içecekler: Su, çay, su ile karışık meyve suyu
المشروبات الصحية: الماء، الشاي، عصير طبيعي مع ماء.
نوشیدنی های سالم: آب، چای، آبمیوه
băuturi sănătoase: apă, ceai, sucuri de fructe acidulate

---

ungesunde Getränke: Cola, Limonade, Energydrink
sağlıksız içecekler: Kola, limonata, enerji içecekleri
المشروبات غير الصحية: كولا، ليموناده، مشروب الطاقة.
نوشیدنی های ناسالم: نوشابه، لیموناد، نوشیدنی های انرژی زا
băuturi nesănătoase: cola, limonadă, energizante

12 Ganztag

Mittagessen im Ganztag

Tam gün okulunda öğle yemeği

وجبة غداء الظهيرة

نهار در مدرسه تمام روز

Masa de prânz la școala cu program prelungit

Unsere Tischregeln

Yemek yerken kurallarımız

قواعد الطاولة

قوانین غذاخوری ما

Regulile noastre la masă

Ich warte ruhig bei der Essensausgabe und drängle mich nicht vor.

Yemeğin dağıtılmasını sabırlı bir şekilde bekliyorum ve öne geçmeye çalışmıyorum.

أنتظر بهدوء عند توزيع الطعام ولا أزاحم.

من به هنگام سرو غذا آرام و بی سر و صدا منتظر می مانم و صف نوبت را برهم نمی زنم.

Aștept în liniște la coadă să primesc mâncarea și nu mă împing să mă strecor în față.

Ich bleibe während dem Essen sitzen.

Yemek yerken yerimden kalkmıyorum.

أظل جالساً عند تناول الطعام.

من از موقع غذا خوردن می نشینم.

Rămân așezat jos în timp ce mănânc.

Ich esse leise und in Ruhe.

Sessiz ve sakin bir şekilde yemeğimi yiyorum.

آكل بهدوء وراحة.

من آرام و بی سر و صدا غذا می خورم.

Mănânc încet și în liniște.

Ich nehme nur so viel, wie ich essen kann.

"Tabağıma yiyebileceğim kadar yemek alıyorum.

أضع في طبقي ما أستطيع أكله فقط.

من به اندازه ای که می توانم بخورم، غذا می کشم.

Iau doar atâta mâncare cât pot să mănânc.

Wenn ich dann noch Hunger habe, bitte ich um Nachschlag.

Doymadığım takdirde ilave verilmesini rica ediyorum.

أطلب المزيد إن لم أشبع.

اگر همچنان گرسنه باشم، درخواست یک پُرس دیگر می کنم.

Dacă îmi mai este foame, mai cer.

12 Ganztag

Besteck
Çatal, bıçak, kaşık
أدوات المائدة
قاشق و چنگال
Tacâmuri

Geschirr
Tabaklar
اطباق الطعام
ظروف
Veselă

Tisch decken
Masayı kurma
اعداد و ترتيب مائدة الطعام
میز بچینید
A pune masa

Tisch abräumen
Masayı toplama
تنظيف مائدة الطعام
میز را جمع کنید
A strânge masa

Tisch abwischen
Masayı silme
مسح مائدة الطعام
میز را تمیز کنید
A șterge masa

Tischdienst
Masa servisi
المساعدة في تهيئة مائدة الطعام
وظیفه چیدن و تمیز کردن میز
Serviciul la cantină școlară

religiöse Essensvorschriften
Gıda maddeleri ve içeceklerle ilgili dini hükümler
قواعد الأكل من الناحية الدينية
مقررات مذهبی غذا
Reguli religioase în privința mâncării

Fastenzeit
Ramazan Ayı
أوقات الصيام
ماه روزه
Timp de post

Allergien
Alerjiler
الحساسية
آلرژیها
Alergii

13 | Bei Feueralarm
| Yangın alarmı verildiğinde
| في حالة إنذار الحريق
| به هنگام آژیر هشدار آتش
| În cazul unei alarme de incendiu

Wir machen eine Übung. Dann wissen wir, was man tut, wenn es brennt.

Tatbikat yapıyoruz. Böylece yangın anında ne yapmamız gerektiğini öğreniyoruz.

نقوم بعمل تمرين. بذلك نعرف كيف نتصرف في حالة الحريق.

ما یک تمرین انجام می دهیم. به این ترتیب می فهمیم که اگر آتش سوزی رخ داد، چکار باید کرد.

Facem un exercițiu și astfel vom ști ce avem de făcut în caz de incendiu

Nicht erschrecken! Es gibt einen unangekündigten Alarm, bei dem nochmal geübt wird.

Sakın korkmayın! Tekrar bir tatbikatın yapılması için haber vermeden yangın alarmı verilecektir.

لا تخف ! سيتم عمل إنذار غير معلن ليتسنى لك التدرب.

وحشت زده نشوید! یک آژیر وجود دارد که اعلام نمی شود و به هنگام آن می توان دوباره تمرین کرد.

Nu te speria! Este vorba de o alarmă neanunțată de incendiu, executăm un un exercițiu (de evacuare).

Wenn es wirklich brennt, kommt die Feuerwehr zum Löschen.

Gerçek bir yangın çıktığında yangının söndürülmesi için itfaiye gelecektir.

عندما يحدث حريق حقيقي، ستأتي سيارات الإطفاء لإخماده.

اگر آتش سوزی واقعا رخ دهد، آتشنشانی برای مهار آن می آید.

Dacă arde cu adevărat, vin pompierii să stingă focul.

Regeln beim Feueralarm

Yangın alarmı verildiğinde uyulması gereken kurallar

قواعد إنذار الحريق.

قوانین در هنگام آژیر هشدار آتش

Reguli pe timpul alarmei de incendiu

Hört auf den Lehrer.

Öğretmeninizi dinleyin.

اسمعوا كلام المدرس.

آنچه را که معلم می گوید انجام دهید.

Ascultă-l pe profesor.

Macht die Fenster zu.

Pencereleri açın.

أغلقوا النوافذ.

پنجره ها را ببند.

Închide fereastra

13 Bei Feueralarm

Stellt euch in Zweierreihen auf.
İkişerli sıraya dizilin.
صفوا في طابورين.
در صف های دوتایی قرار بگیرید.
Așezați-vă în rând, în perechi.

Lasst alle Gegenstände im Klassenzimmer.
Bütün eşyalarınızı sınıfta bırakın.
أتركوا حاجاتكم في الفصل.
همه ی وسائل و اشیاء را در کلاس بگذارید.
Lasă orice obiect în sala de clasă.

Verlasst als Klasse geschlossen das Schulgebäude.
Sınıfla birlikte okul binasını terkedin.
اتركوا الفصل مغلقاً وكذلك مبنى المدرسة.
ساختمان مدرسه را همراه با گروهِ کلاس خود ترک کنید.
Părăsiți clădireas școlii, toți elevii clasei rămân împreună.

Haltet euch an den vorgeschriebenen Fluchtweg.
Belirlenmiş olan kaçış yollarını kullanın.
إلتزموا بمخرج الطوارئ المحدد.
علامت های خروج اضطراری را دنبال کنید.
Respectați calea de evacuare specificată

Kommt an einer Sammelstelle zusammen.
Hepiniz toplanma yerine geliniz.
اتجهوا نحو نقطة التجمع معاً.
همگی در یک مکان مشخص جمع شوید.
Adunați-vă la un loc de adunare.

Bleibt als Klasse zusammen, damit der Lehrer die Übersicht behält.
Öğretmeninizin siz kontrol altında tutabilmesi için sınıf olarak birbirinizden ayrılmayınız.
ابقوا مع تلاميذ فصلكم حتى يتسنى للمدرس أن يتابعكم.
در گروهِ کلاس خود بمانید، تا معلم از وضعیت همه خبر داشته باشد.
Toți elevii clasei rămân împreună pentru ca profesorul să păstreze o imagine de ansamblu.

14 | Schulausflug
| Bir günlük okul gezisi
| نزهة مدرسية
| پیک نیک مدرسه
| Excursie de o zi cu școala

Das muss ich selbst mitbringen:

....
....
....
....

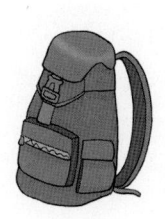

Rucksack	**Essen**	**Trinken**	.... € **Geld**
Sırt çantası	*Yiyecekler*	*İçecekler*	*Para*
حقيبة ظهر	الأكل	الشرب	النقود / الفلوس
کوله پشتی	غذا	نوشیدنی	پول
Rucsac	*Mâncare*	*Băutură*	*Bani*

Christina Heiligensetzer, Katharina Gotsch: Bildvorlagen für multikulturelle Schülergespräche
© Persen Verlag

14 Schulausflug

Handy (ja / nein)
Cep telefonu (evet / hayır)
الهاتف (نعم / لا)
تلفن همراه (بله / خیر)
Telefon mobil (da / nu)

MP3-Player (ja / nein)
MP3 Çalar (evet / hayır)
مشغل MP3 (نعم/ لا)
دستگاه پخش صوت دیجیتال MP3 (بله / خیر)
MP3 (da / nu)

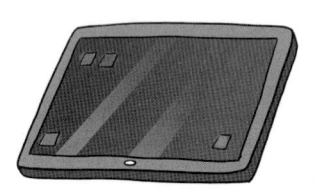

Tablet (ja / nein)
Tablet bilgisayar (evet / hayır)
تابلت (نعم أم لا)
تبلت (آره یا نه)
tabletă (da sau nu)

mobile Spielekonsole (ja / nein)
Taşınabilir oyun konsulu (evet / hayır)
أتاري ألعاب (نعم أم لا)
کنسول بازی همراه (آره یا نه)
consolă de jocuri mobilă (da sau nu)

.... €
Kosten des Schulausflugs
Okul gezisinin masrafları
تكاليف الخروج في نزهة المدرسية
هزینه پیک نیک مدرسه
Costul excursiei cu clasa

–,– €
Kostenbefreiung
Masraflardan muaf tutulma
الإعفاء من التكاليف
معافیت از هزینه ها
Scutire de plată

15 | Klassenfahrt
| *Uzun süreli okul gezisi*
| رحلة مدرسية
| ۲۱ سفرکلاس
| *Excursie cu clasa*

Das muss ich selbst mitbringen:

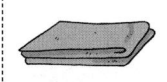

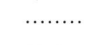

....
....
....
....
....
....
....

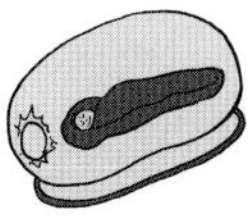

Schlafsack	Bettbezug, Laken	Iso-Matte	Zelt	Jacke	feste Schuhe	Gummistiefel
Uyku tulumu	*Nevresim, çarşaf*	*Isomat*	*Çadır*	*Ceket*	*Sağlam ayakkabı*	*Yağmur çizmesi*
كيس النوم	غطاء أو شرشف	حصيرة - Iso	خيمة	جاكيت	حذاء قوي	حذاء شتوي
کیف خواب	رو تشکی، ملافه	تشکچه	چادر	کت	کفش محکم	چکمه پلاستیکی
Sac de dormit	*Așternut de pat, cearceaf*	*Saltea izolantă / izopren*	*Cort*	*Geacă*	*Pantofi robuști*	*Cizme de cauciuc*

Turnschuhe	Hausschuhe	Sandalen	Badeschlappen	lange Hosen	kurze Hosen	Pulli
Spor ayakkabısı	*Terlik*	*Sandalet*	*Banyo terliği*	*Uzun pantolon*	*Kısa pantolon*	*Kazak*
أحذية رياضية	شبشب	صندل	شبشب السباحة	سراويل طويلة	سروال قصير/شورت	بلوفر
کفش ورزشی	دمپایی	کفش صندل	دمپایی استخر	شلوار بلند	شلوار کوتاه	ژاکت
Încălțăminte sport sală	*Papuci de casă*	*Sandale*	*Șlapi*	*Pantaloni lungi*	*Pantaloni scurți*	*Pulovăr*

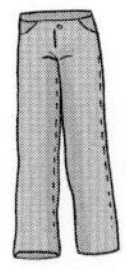

Christina Heiligensetzer, Katharina Gotsch: Bildvorlagen für multikulturelle Schülergespräche
© Persen Verlag

15 Klassenfahrt

....
T-Shirts
Tişört
تي شيرت
تی شرت
Tricouri

....
Unterwäsche
İç çamaşırı
ملابس داخلية
لباس زیر
Lenjerie de corp

....
Socken
Çorap
جوارب
جوراب
Şosete

....
Schlafanzug / Nachthemd
Pijama / gecelik
ملابس النوم
بلوز شلوار خواب / لباس خواب
Pijama / cămașă de noapte

....
Sportzeug
Spor malzemeleri
ملابس الرياضة
لوازم ورزش
Echipament sportiv

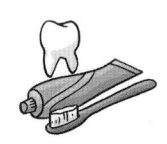

....
Zahnputzzeug
Diş macunu
معجون وفرشاة الأسنان
مسواک و خمیر دندان
Pastă, periuță de dinți

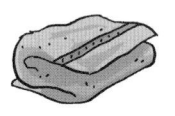

....
Handtücher
Havlu
فوط اليد
حوله
Prosoape

....
Kamm
Tarak
مشط
شانه
Pieptăn

....
Seife, Shampoo
Sabun, şampuan
صابون أو شامبو
صابون، شامپو
Săpun, șampon

....
Badehose
Erkek mayosu
شورت السباحة
مایو
Slip / costum de baie

....
Kuscheltier
Oyuncak hayvancıklar
دمية للعب
حیوان پارچه ای
Jucărie de pluș preferată

....
Buch
Kitap
كتاب
کتاب
Carte

....
Taschenlampe
El feneri
مصباح يدوي
چراغ قوه
Laternă

15 Klassenfahrt

....

Handy, MP3 (ja / nein)

Cep Telefonu, MP3 Çalar (evet / hayır)

الهاتف الخليوي (موبايل)
، MP3 (نعم/ لا)

تلفن همراه، دستگاه پخش صوت دیجیتال MP3 (بله / خیر)

Telefon mobil, MP3 (da / nu)

....

Tablet (ja / nein)

Tablet bilgisayar (evet / hayır)

تابلت (نعم أم لا)

تبلت (آره یا نه)

tabletă (da sau nu)

....

mobile Spielekonsole (ja / nein)

Taşınabilir oyun konsulu (evet / hayır)

أتاري ألعاب(نعم أم لا)

کنسول بازی همراه (آره یا نه)

consolă de jocuri mobilă (da sau nu)

.... €

Taschengeld (mit Eintragsmöglichkeit für Summe)

Cep harçlığı (miktarı yazabilmek için boş alan)

المصروف الشخصي
(بإمكان الطفل أخد مبلغ معه)

پول توجیبی (محل برای درج مبلغ)

Bani de buzunar (cu posibilitatea de a introduce suma respectivă)

.... €

Kosten

Masraflar

التكاليف

هزینه ها

Costuri

–,– €

Kostenbefreiung

Masraflardan muaf tutulma

الإعفاء من التكاليف

معافیت از هزینه ها

Scutire de plată

Christina Heiligensetzer, Katharina Gotsch: Bildvorlagen für multikulturelle Schülergespräche
© Persen Verlag

16 | Verhalten des Schülers
| Öğrencinin davranışları
| سلوك التلميذ أو التلميذة
| ۱۶ رفتار دانش آموز
| Comportamentul elevului

Bitte beteilige dich mehr am Unterricht.
Lütfen ders etkinliğine daha fazla katıl.
يرجى زيادة المشاركة في الدرس.
لطفا مشارکت بیشتری در کلاس داشته باش.
Te rugăm să te implici mai mult la ore.

Deine Mitarbeit im Unterricht ist:	gut - mittel - nicht gut
Ders etkinliğine katılım	*iyi - orta - zayıf*
مشاركتك في الدرس:	جيدة، متوسطة، سيئة
مشارکت تو در کلاس این است:	خوب، متوسط، ضعیف
Implicarea ta în cadrul orelor este:	*bună - medie - nu este bună*

Bitte arbeite besser mit den anderen zusammen.
Lütfen diğer arkadaşlarınla birlikte daha iyi çalış.
يرجى أن تحسن عملك مع الآخرين.
لطفا با بقیه بیشتر همکاری و کار گروهی کن.
Te rugăm să cooperezi mai mult cu ceilalți.

Deine Arbeit in der Gruppe ist:	gut - mittel - nicht gut
Grup içindeki görevin:	*iyi - orta - zayıf*
عملك في المجموعة:	جيدة، متوسطة، سيئة
کار و تمرین تو در گروه این است:	خوب، متوسط، ضعیف
Munca ta în cadrul grupurilor este:	*bună - medie - nu este bună*

16 Verhalten des Schülers

Warum störst du so häufig?
Neden dersi sık sık bozuyorsun?
لماذا تسبب الإزعاج كثيراً؟
چرا مرتبا بی نظمی ایجاد می کنی؟
De ce deranjezi orele atât de des

Dein Verhalten im Unterricht ist: gut - mittel - nicht gut
Ders sırasındaki davranışların: iyi - orta - zayıf
تصرفاتك أثناء الحصة: جيدة، متوسطة، سيئة
رفتار تو در کلاس این است: خوب، متوسط، ضعیف
Comportarea ta în timpul orelor este: bună - medie - nu este bună

Bitte sei ruhig, damit alle dem Unterricht folgen können.
Lütfen herkesin dersi takip edebilmesi için sessiz ol.
يرجى إلتزام الهدوء حتى يتمكن الجميع من متابعة الدرس.
لطفا ساکت و منظم باش، تا بقیه بتوانند درس را دنبال کنند.
Te rugăm să faci liniște, pentru ca toți să poată fi atenți la ore.

Du lässt dich leicht ablenken. Bitte bleibe bei einer Sache.
Dikkatin çok çabuk dağılıyor. Lütfen bir konuda kal.
أنت تلهي نفسك بسهولة. يرجى التركيز في أمر واحد.
تو به راحتی تمرکزت را از دست می دهی. لطفا یک کار را ادامه بده.
Te lași distras ușor. Te rugăm să te concentrezi la un singur lucru.

Du lässt dich ablenken: nie - selten - oft - immer
Dikkatini dağıttırıyorsun: hiçbir zaman-nadiren-sık sık-her zaman
أنت تلهي نفسك بأمور أخرى: أبداً، نادراً، كثيراً، دائماً
تو دچار حواس پرتی و عدم تمرکز می شوی: هیچ وقت - به ندرت - اغلب اوقات - همیشه
Îți pierzi atenția niciodată - rar - des - mereu

Christina Heiligensetzer, Katharina Gotsch: Bildvorlagen für multikulturelle Schülergespräche
© Persen Verlag

16 Verhalten des Schülers

Du unterbrichst häufig deine Arbeit. Versuche, länger an einer Sache zu arbeiten.

Çalışmalarına sık sık ara veriyorsun. Daha uzun bir süre bir konuda kalmaya çalış.

أنت تقطع عملك كثيراً. حاول أن تركز في أمر واحد لفترة أطول.

تو اغلب اوقات کار و تمرینت را ناتمام رها می کنی. سعی کن طولانی تر روی یک چیز کار کنی.

Îți întrerupi des lucrul. Încearcă să muncești un timp mai îndelungat la același lucru.

Deine Ausdauer beim Arbeiten ist: gut - mittel - nicht gut
Ders çalışırken dayanaklılığın: iyi - orta - zayıf
مثابرتك في الأعمال: جيدة، متوسطة، سيئة
پشتکار و استقامت تو به هنگام کار و تمرین کردن این است: خوب، متوسط، ضعیف
Perseverența ta la lucru este: bună - medie - nu este bună

Bitte arbeite genauer.

Lütfen daha dikkatli çalış.

يرجى أن تعمل بطريقة أدق.

لطفا دقیق تر کار کن.

Fii mai atent la detalii.

Deine Arbeitsweise ist: sorgfältig - mittel - nicht sorgfältig
Çalışma şeklin: özenli - orta - özensiz
طريقة عملك: متقنة، متوسطة، غير متقنة
شیوه ی کار و تمرین تو این است: بادقت - متوسط - بی دقت
Maniera ta de lucru este conștiincioasă - medie - neconștiincioasă

Achte auf Ordnung! Das erleichtert das Lernen.

Düzenli olmaya dikkat et! Ders çalışmanı kolaylaştıracaktır.

انتبه للترتيب، فهو يسهل التعلم.

به قوانین نظم و انضباط توجه کن! درس خواندن را آسان می کند.

Păstrează ordinea! Astfel vei învăța mai ușor.

Deine Hefte und Mappen sind: ordentlich - mittelmäßig - nicht ordentlich
Defterlerin ve dosyaların: düzenli - orta - düzensiz
دفاترك وملفاتك: مرتبة، متوسطة، غير مرتبة
دفترها و پوشه های تو این هستند: مرتب - متوسط - نامرتب
Caietele și portofoliile tale sunt: ordonate - așa și așa - dezordonate

16 Verhalten des Schülers

Du vergisst Termine und Absprachen: nie - manchmal - oft

Randevularını ve verdiğin sözleri unutuyorsun: hiçbir zaman-bazen-sık sık

أنت تنسى المواعيد والاتفاقات: أبداً، أحياناً، كثيراً

تو قرار ملاقات ها و توافق ها را فراموش می کنی: هیچ وقت - گاهی اوقات - اغلب اوقات

Uiți de termene limită și întâlniri: niciodată - uneori - des

Du brauchst Hilfe bei den Aufgaben: fast nie - manchmal - oft - sehr oft

Derslerini yaparken yardıma ihtiyacın var: neredeyse hiç-bazen-sık sık- çok sık

أنت تحتاج مساعدة في حل الواجبات: نادر جداً، أحياناً، كثيراً، كثير جداً

تو برای تکالیف نیاز به کمک داری: تقریبا هیچ وقت - گاهی اوقات - اغلب اوقات - بسیاری از مواقع

Ai nevoie de ajutor la teme / sarcinile tale: aproape niciodată - uneori - des - foarte des

Versuche erst, selbst eine Lösung zu finden. Danach kannst du fragen.

Önce kendin bir çözüm bulmayı dene. Bulamazsan başkasına sor.

حاول في البداية أن تجد حلاً بمفردك. بعد ذلك يمكن الاستفسار.

ابتدا سعی کن خودت یک راه حل پیدا کنی. بعد از آن می توانی بپرسی.

Încearcă mai întâi să găsești o soluție singur. Poți apoi să întrebi.

Du hast Probleme damit, still zu sitzen: fast nie - manchmal - oft - sehr oft

Kıpırdanmadan oturamama sorunun var: neredeyse hiç-bazen-sık sık- çok sık

لا تحسن الحفاظ على الهدوء: نادر جداً، أحياناً، كثيراً، كثير جداً

تو با این که آرام و بی سر و صدا بنشینی، مشکل داری: تقریبا هیچ وقت - گاهی اوقات - اغلب اوقات - بسیاری از مواقع

Ai dificultăți în a sta jos liniștit: aproape niciodată - uneori - des - foarte des

16 Verhalten des Schülers

Bitte bleibe im Unterricht auf deinem Platz. In der Pause kannst du toben.

Lütfen ders esnasında yerinde otur. Teneffüse çıktığında koşup oynayabilirsin.

يرجى أن تظل مكانك في أثناء الدرس. يمكنك التحرك في الاستراحة.

لطفا در کلاس درس سر جایت باقی بمان. در زنگ تفریح می توانی سر و صدا و جست و خیز کنی.

Te rugăm să rămâi la locul tău în timpul orelor. În pauză poți să te miști liber.

Verhalte dich während des Unterrichts ruhig.

Ders esnasında sessiz ol.

تصرف بهدوء في أثناء الدرس.

در حین درس آرام و بی سر و صدا رفتار کن.

Fii liniștit în timpul orelor.

Du bist oft müde und unausgeschlafen im Unterricht.

Derste çoğu zaman yorgun ve uykusuzsun.

أنت تعاني من التعب والنعاس خلال الدرس غالباً.

تو اغلب اوقات در کلاس خسته و خواب آلود هستی.

Ești de multe ori obosit și somnoros la ore.

Warum bekommst du nicht genug Schlaf?

Neden yeterince uyumuyorsun?

لماذا لا تنام فترة كافية؟

چرا خوابِ کافی نداری؟

De ce nu dormi suficient?

Du machst oft einen traurigen Eindruck. Stimmt das? Warum bist du traurig?

Genelde üzüntülü duruyorsun. Bir sorunun mu var? Neden üzgünsün?

أنت تعطي انطباعاً أنك حزين. صحيح؟ لماذا أنت حزين؟

تو اغلب اوقات ناراحت و غمگین به نظر می رسی. درست است؟ چرا غمگین هستی؟

Ai de multe ori o expresie tristă. Așa e? De ce ești trist?

Du bist einem / mehreren Lehrer / -n gegenüber respektlos.

Bir öğretmenine / öğretmenlerine karşı saygısızsın.

أنت لا تحترم المدرس / المدرسين.

تو نسبت به یک / چندین معلم / ها بی احترام و بی ملاحظه هستی.

Ești nerespectuos față de un profesor / față de mai mulți profesori.

Du bist einem / mehreren Mitschülern gegenüber respektlos.

Bir arkadaşına / arkadaşlarına karşı saygısızsın.

أنت لا تحترم أحد أو بعض التلاميذ الآخرين.

تو نسبت به یک / چندین هم مدرسه ای / ها بی احترام و بی ملاحظه هستی.

Ești nerespectuos față de un coleg / față de mai mulți colegi.

16 Verhalten des Schülers

Ich werde mit deinen Eltern über dein Verhalten sprechen.
Davranışların hakkında velin ile görüşeceğim.
سأتحدث مع والديك حول تصرفك.
من با والدینت در مورد رفتارت صحبت خواهم کرد.
Voi vorbi cu părinții tăi despre comportamentul tău.

Ich werde den Rektor über dein Verhalten informieren.
Davranışların hakkında okul müdürüne bilgi vereceğim.
سأخبر المدير عن تصرفك.
من به مدیر در مورد رفتارت اطلاع خواهم داد.
Îl voi informa pe director de comportamentul tău.

Alle Religionen sind gleich viel wert.
Bütün dinler aynı değerdedir.
كل الأديان متساوية.
همه ی ادیان به یک اندازه ارزشمند هستند.
Toate religiile sunt la fel de importante.

16 Verhalten des Schülers

Mädchen und Jungen
Kızlar ve erkekler
الفتيات والأولاد
دخترها و پسرها
Fete şi băieţi

Mädchen und Jungen haben die gleichen Rechte.
Kızlar ve erkekler aynı haklara sahiptir.
الأولاد والبنات لهم الحقوق نفسها.
دخترها و پسرها حقوق برابر دارند.
Fetele şi băieţii au aceleaşi drepturi

… sitzen nebeneinander.
… yan yana otururlar.
الجلوس معاً.
... کنار هم می نشینند.
… stau împreună.

… arbeiten zusammen.
… birlikte ders çalışırlar.
العمل معاً.
... با همدیگر کار و تمرین می کنند.
… lucrează împreună.

… laufen nebeneinander.
… yan yana yürürler.
المشي جنباً إلى جنب.
... کنار هم راه می روند.
… aleargă împreună.

… spielen miteinander.
… birlikte oynarlar.
اللعب معاً.
... با همدیگر بازی می کنند.
… se joacă împreună.

17 | Umgangsformen, Probleme, Konflikte
| *Öğrenciler arasındaki ilişkiler, sorunlar, anlaşmazlıklar*
| طرق حل المشاكل والنزاعات
| ۱۲رفتار با یکدیگر, مشکلات, اختلافات
| *Bune maniere, probleme, conflicte*

Sei freundlich und höflich zu allen!
Herkese karşı samimi ve nazik ol!
كن ودوداً ولطيفاً مع الجميع!
با همه مهربان و مؤدب باش!
Fii prietenos și politicos cu toți!

nicht schlagen
Diğer öğrencilere vurmamalıdır.
عدم ضرب الآخرين
كتك نزنيد
Să nu lovească

nicht treten
Tekme atmamalıdır.
عدم الركل
لگد نزنید
Să nu lovească cu piciorul

niemanden auslachen
hiç kimseyle alay etme
لا تسخر من أحد
به هیچ کس نخند
nu râde de nimeni

nicht spucken
Tükürmemelidir.
لا تقم بالبصق في وجه الآخرين
تف نیندازید
Să nu scuipe

17 Umgangsformen, Konflikte und Probleme

Frage vorher, ob du etwas nehmen darfst.
Başkasına ait bir şeyi almadan önce sor.
سل قبل أن تستخدم أغراض الآخرين.
پیش تر بپرس که آیا اجازه داری چیزی را برداری.
Înainte de a lua ceva, întreabă dacă ai voie.

Mache nichts kaputt.
Hiçbir şeyi bozma.
لا تخرب الأشياء.
چیزی را خراب نکن.
Nu strica nimic.

Mache nichts schmutzig, das du ausgeliehen hast.
Ödünç aldığın hiçbir şeyi kirletme.
لا توسخ الأشياء المستعارة.
چیزی را که قرض کرده ایی، کثیف و آلوده نکن.
Nu murdări ceva ce ai împrumutat.

Halte deinen Platz ordentlich.
Yerini düzenli tut.
حافظ على ترتيب مكانك.
جای ات را مرتب نگه دار.
Păstrează-ți locul în ordine.

Handyverbot
Cep telefonu yasaktır.
ممنوع استخدام الهاتف الخليوي
تلفن همراه ممنوع است
Telefonul mobil este interzis în școală

Kaugummiverbot
Çiklet çiğnemek yasaktır.
ممنوع مضغ العلكة
آدامس ممنوع است
Guma de mestecat este interzisă

Schneeballverbot
Kartopu oynama yasağı
ممنوع عمل كرات الثلج
گولّه برف بازی ممنوع
Interdicție pentru bulgări de zăpadă

17 Umgangsformen, Konflikte und Probleme

Hinterlasse die Toilette sauber.
Tuvaleti temiz bırak.
اترك المراحيض نظيفة.
توالت را تمیز نگه دار.
Lasă toaleta curată în urma ta.

Anleitung zur Toilettenbenutzung
Tuvalet kullanma talimatı
إرشادات استخدام المراحيض
راهنمای استفاده از توالت
Ghid pentru utilizarea toaletei

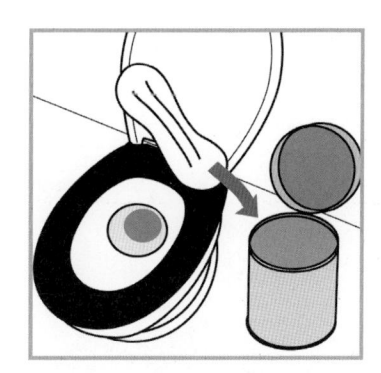

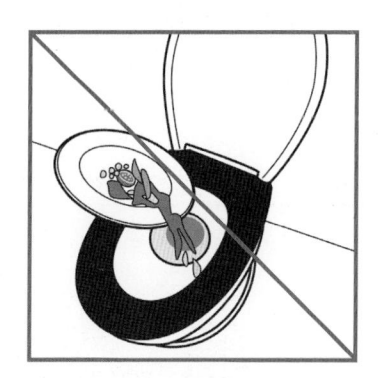

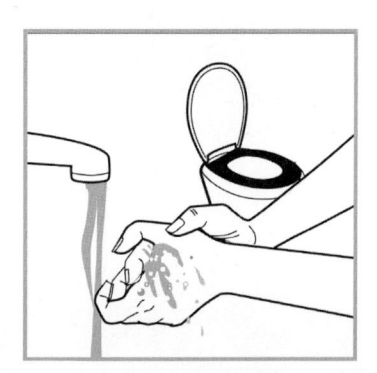

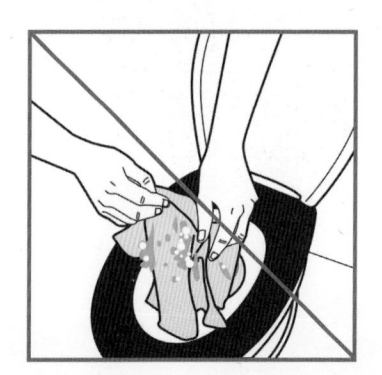

aus: Heiligensetzer: Gesundheitsheft für Asylbewerber, 2015, Illustration Sylvia Wolf

Christina Heiligensetzer, Katharina Gotsch: Bildvorlagen für multikulturelle Schülergespräche
© Persen Verlag

17 Umgangsformen, Konflikte und Probleme

Bitte sprich Deutsch in einer Gruppe, in der nicht alle deine Muttersprache verstehen.
Senin ana dilini herkesin anlamadığı bir grupta lütfen almanca konuş.
يرجى التحدث بالألمانية عندما تكون مع مجموعة لا يفهم البعض فيها لغتك الأم.
لطفا در گروهی که برخی زبان مادری تو را نمی فهمند، به آلمانی صحبت کن.
Într-un grup în care nu înțeleg toți limba ta maternă, te rugăm să vorbești în germană.

Hör gut zu, wenn jemand spricht.
Birisi konuşurken dikkatli bir şekilde dinle.
استمع جيداً عندما يتحدث شخص آخر.
وقتی کسی صحبت می کند، خوب گوش کن.
Fii atent când cineva vorbește

Lass die anderen ausreden.
Diğerlerin sözünü bitirmesine izin ver.
امنح الآخرين فرصة للحديث.
به دیگران اجازه بده صحبت شان را تمام کنند.
Lasă-i pe ceilalți să termine de vorbit.

Wenn du Streit hast oder wütend bist:
Kavga ettiğinde veya kızgın olduğunda:
عندما يكون لديك خلاف أو غضب:
وقتی دعوا داری یا خشمگین هستی:
Dacă te cerți cu cineva sau ești furios:

Sage, dass du sauer bist.
Kızdığını söyle.
قل إنك متضايق
بگو که عصبانی هستی.
Spune că ești furios.

Gehe der Person, auf die du wütend bist, aus dem Weg.
Kızdığın kişiyle karşılaşmamaya özen göster.
تجنب الشخص الذي أغضبك
از کسی که که از او خشمگین هستی، دوری کن.
Ferește-te de persoana pe care ești furios.

Christina Heiligensetzer, Katharina Gotsch: Bildvorlagen für multikulturelle Schülergespräche
© Persen Verlag

17 Umgangsformen, Konflikte und Probleme

Versuche, die Sicht des anderen zu verstehen.
Diğerlerin bakış açısını anlamaya çalış.
حاول أن تفهم وجهة نظر الآخرين.
سعی کن نظر بقیه را درک کنی.
Încearcă să înțelegi punctul de vedere al ceiluilalt.

Werde nicht gemein.
Hiç kimseye kaba davranma.
لا تكن لئيماً.
بدجنس نشو.
Nu fi răutăcios.

keine körperliche Gewalt
Fiziksel şiddet kullanılmamalıdır.
عدم إستعمال العنف الجسدي
بدون خشونت بدنی
Fără violență fizică

Sprich ruhig und friedlich.
Sakin ve kibar konuş.
تحدث بهدوء وسلمية.
آرام و مسالمت آمیز صحبت کن.
Vorbește încet și calm.

Beleidige oder drohe nicht.
Kimseye hakaret etme / kimseyi tehdit etme.
لا تهن ولا تهدد أحداً.
توهین یا تهدید نکن.
Nu insulta și nu amenința.

Halte andere, die nichts mit dem Streit zu tun haben, heraus.
Kavga ile ilgisi olmayan kişileri, kavgadan uzak tut.
اترك من لا علاقة له بالنزاع بعيداً.
مانع مداخله ی کسانی بشوکه به بحث و دعوا ربطی ندارند.
Nu îi implica și pe alții care nu au nimic de-a face cu cearta.

Streit aus der Schule hat nichts im Internet zu suchen!
Okuldaki kavgayı internet ortamına aktarma!
يجب ألا يصل نزاع المدرسة إلى مواقع الإنترنت!
اینترنت جایی برای دنبال کردن و ادامه دادن اختلافات داخل مدرسه نیست!
Certurile din școală nu au ce căuta pe internet!

17 Umgangsformen, Konflikte und Probleme

Hole dir Hilfe:
Yardım iste:
اطلب المساعدة:
کمک بگیر:
Cere ajutor:

Sprich den Klassensprecher an.
Sınıf başkanı ile konuş.
أخبر عريف الصف عن الأمر.
با نماینده ی کلاس صحبت کن.
Vorbește cu reprezentantul clasei.

Sprich den Vertrauenslehrer an.
Rehber öğretmenle konuş.
أخبر المدرس الذي تثق به عن الأمر.
با معلم مورد اعتماد صحبت کن.
Vorbește cu profesorul consilier școlar.

Sprich deinen Klassenlehrer an.
Sınıf öğretmeninle konuş.
أخبر مدرسك عن الأمر.
با معلم کلاس ات صحبت کن.
Vorbește cu dirigintele tău.

Sprich den Schulsozialarbeiter an.
Okulun rehber-danışmanı ile konuş.
أخبر المرشد الاجتماعي عن الأمر.
با مددکار اجتماعی مدرسه صحبت کن.
Vorbește cu asistentul social din școală.

Sprich deine Eltern an.
Ailen ile konuş.
أخبر والديك عن الأمر.
با والدینت صحبت کن.
Vorbește cu părinții tăi.

Gehe zu einer Beratungsstelle.
Bir danışma merkezine git.
إذهب إلى مركز الإرشاد.
به یک مرکز مشاوره برو.
Mergi la un centru de consiliere.

Bitte wende dich an eine Beratungsstelle.
Lütfen bir danışma merkezine başvur.
يرجى مراجعة مركز إرشاد.
لطفا به یک مرکز مشاوره مراجعه کن.
Te rugăm să te adresezi unui centru de consiliere.

17 Umgangsformen, Konflikte und Probleme

Gefühle
Duygular
المشاعر
احساسات
Sentimente

Wie fühlst du dich gerade?
Şu anda kendini nasıl hissediyorsun?
كيف تشعر الآن؟
الان چه احساسی داری؟
Cum te simți acum?

Ich bin glücklich.
Mutluyum.
أنا سعيد.
من خوشحال هستم.
Sunt fericit.

Ich bin zufrieden.
Memnunum.
أنا راضي.
من راضی هستم.
Sunt mulțumit.

Ich fühle mich stark.
Kendimi güçlü hissediyorum.
أشعر بالقوة.
من حس می کنم قوی هستم.
Mă simt puternic.

Mir geht es so lala.
Fena değilim.
شعوري عادي.
حالم نه خیلی خوب است نه خیلی بد.
Îmi merge așa și așa.

Ich bin müde und k. o.
Yorgun ve bitkinim.
أنا متعب ومنهك.
من خسته و ناک اوت هستم.
Sunt obosit și terminat.

Ich bin ganz aufgeregt.
Heyecanlıyım.
أنا منفعل جداً.
من کاملا هیجان زده هستم.
Sunt foarte agitat.

Ich fühle mich alleine.
Kendimi yalnız hissediyorum.
أشعر بالوحدة.
من احساس تنهایی می کنم.
Mă simt singur.

Christina Heiligensetzer, Katharina Gotsch: Bildvorlagen für multikulturelle Schülergespräche
© Persen Verlag

17 Umgangsformen, Konflikte und Probleme

Ich bin traurig.
Üzgünüm.
أنا حزين.
من غمگین هستم.
Sunt trist.

Ich bin nachdenklich.
Düşünceliyim.
أتفكر بالأمر
من تو فکر هستم.
Sunt îngândurat.

Ich bin wütend.
Öfkeliyim.
أنا غضبان.
من خشمگین هستم.
Sunt furios.

Ich habe Angst.
Korkuyorum.
أنا خائف.
من می ترسم.
Mi-e teamă.

Angst
Korku
الخوف
ترس
Frică

Redeangst, Angst vor anderen zu sprechen
Konuşma korkusu, başkalarının önünde konuşamama
الخوف من إلقاء الخطاب، الخوف من التحدث أمام الآخرين
ترس از مکالمه, ترس از صحبت کردن در مقابل دیگران
Glosofobie, teamă de a vorbi în public

17 Umgangsformen, Konflikte und Probleme

Prüfungsangst
Sınav korkusu
الخوف من الأمتحان
ترس از امتحان
Frică de examen

Angst wegen der Noten
Kötü not almaktan korkmak
الخوف من الحصول على علامات سيئة
ترس بخاطر نمرات
Teamă din cauza notelor

Angst vor den Eltern
Anne ve babadan korkmak
الخوف من الوالدين
ترس از والدین
Frică față de părinți

Angst vor dem Lehrer / der Lehrerin
Öğretmenden korkmak
الخوف من المعلم أو المعلمة
ترس از آموزگاران
Frică față de profesor / profesoară

Angst vor einem Mitschüler
Sınıf arkadaşından korkmak
الخوف من أحد زملاء الصف
ترس از یکی از هکلاسی ها
Frică față de un coleg / colegă

Angst vor mehreren Mitschülern
Bir grup sınıf arkadaşından korkmak
الخوف من بعض زملاء الصف
ترس از چند نفر همکلاسی ها
Frică față de mai mulți colegi

Gewalt / Aggression
Şiddet / saldırganlık
العنف / الاعتداء
خشونت / عصبانیت
Violența / agresiunea

Ich habe mitbekommen, dass du Mitschüler schlägst oder beleidigst.
Arkadaşlarını dövdüğünü ve onlara hakaret ettiğini duydum.
قيل لي إنك تضرب أو تشتم التلاميذ.
من متوجه شده ام که تو بچه های مدرسه را کتک می زنی و یا به آن ها توهین می کنی.
Am aflat că lovești sau insulți alți colegi.

Ich habe mitbekommen, dass du Dinge absichtlich kaputt machst.
Eşyaları kasten kırdığını duydum.
قيل لي إنك تخرب الأشياء عن قصد.
من متوجه شده ام که تو عمدا چیزها را خراب می کنی.
Am aflat că strici lucruri intenționat.

17 Umgangsformen, Konflikte und Probleme

Ich sehe, dass du Narben hast. Woher kommen die?
Yara izlerin olduğunu görüyorum. Bunlar nasıl oldu?
أرى علامات على جسدك. من أين أتت؟
من می بینم که تو چند جای زخم داری. این ها از کجا می آیند؟
Am văzut că ai cicatrici. De unde?

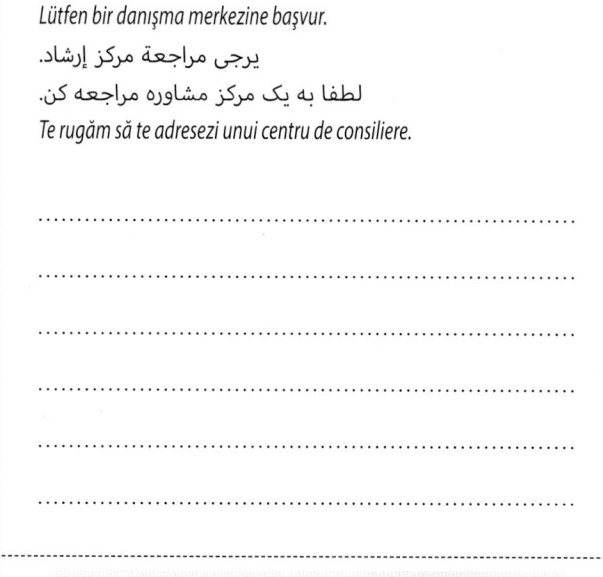

Bitte wende dich an eine Beratungsstelle.
Lütfen bir danışma merkezine başvur.
يرجى مراجعة مركز إرشاد.
لطفا به یک مرکز مشاوره مراجعه کن.
Te rugăm să te adresezi unui centru de consiliere.

....
....
....
....
....

in der Familie wird geschlagen oder beleidigt
Öğrenci anne-babasından dayak yiyor, hakarete uğruyor.
يحدث الضرب والإهانة في العائلة.
در خانواده ضرب و شتم یا توهین صورت می گیرد.
cei din familia mea se lovesc sau se insultă

ein Lehrer / Erzieher schlägt oder beleidigt
Öğrenci öğretmenden dayak yiyor, hakarete uğruyor.
معلم أو مربي يمارس الضرب أو الإهانة.
یک معلم / مربی کتک می زند یا توهین می کند.
un profesor / educator lovește sau insultă

ein Mitschüler schlägt oder beleidigt
Öğrenci okul arkadaşından dayak yiyor, hakarete uğruyor.
تلميذ يضرب أو يهين الآخرين.
یک هم مدرسه ایی کتک می زند یا توهین می کند.
un coleg de clasă lovește sau insultă

eine Gruppe Mitschüler schlägt oder beleidigt
Öğrenci bir grup öğrenciden dayak yiyor, hakarete uğruyor.
تقوم مجموعة تلاميذ بالإهانة أو الضرب
یک گروه از هم مدرسه ایی ها کتک می زنند یا توهین می کنند.
un grup de elevi din clasa mea lovește sau insultă

Christina Heiligensetzer, Katharina Gotsch: Bildvorlagen für multikulturelle Schülergespräche
© Persen Verlag

17 Umgangsformen, Konflikte und Probleme

Nicht schlagen, zwicken, grob sein! Keine körperliche Gewalt!

Vurma, çimdikleme, kaba olma! Bedensel şiddet uygulama!

لا تضرب، لا تقرص ولا تكن فظاً. لا للعنف الجسدي !

کتک کاری نکنید، نیشگون نگیرید، خشن نباشید! هیچ گونه خشونت جسمی!

Nu lovi, nu ciupi, nu fi nepoliticos! Fără violență fizică!

Nicht beschimpfen, bedrohen, Angst machen oder anschreien! Keine verbale Gewalt!

Kızma, tehdit etme, korkutma veya bağırma! Sözlü şiddette bulunma!

لا تشتم، لا تهدد ولا تخيف أو تصرخ بوجه أحد. لا للعنف اللفظي !

فحاشی نکنید، تهدید نکنید، رعب و وحشت ایجاد نکنید یا بر سر کسی داد نزنید! هیچ گونه خشونت لفظی!

Nu insulta, nu amenința, nu provoca frică și nu striga la alții! Fără violență verbală!

Auch über das Handy und Internet kann man Gewalt ausüben. Cybermobbing ist verboten.

Cep telefonuyla ve internette şiddet uygulanabilir. Sanal şiddet yasaktır.

يمكن أن يستخدم الإنسـان العنف عن طريق الإنترنت. بلطجة الإنترنت ممنوعة.

همچنین می توان از طریق تلفن همراه و اینترنت آزار و اذیت رساند. آزار و اذیت اینترنتی ممنوع است.

Violența se poate exercita și prin intermediul telefonului mobil și al internetului. Cybermobbing-ul este interzis.

Missbrauch und Sucht

Madde istismarı ve bağımlılık

تعاطي المخدرات والإدمان

سوء استفاده و اعتیاد

Abuz și dependență

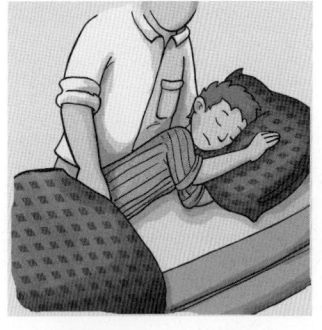

Wenn dich jemand anfasst, wo du das nicht möchtest, oder dich zwingt, ihn anzufassen, ist das sexuelle Gewalt.

Bir kişi, senin isteğin dışında sana dokunursa veya senin ona dokunmanı isterse bu cinsel şiddettir.

عندما تلمس أحداً في مكان لا ترغب لمسه أو تجبر على ذلك، فهذا عنف جنسي.

خشونت جنسی زمانی است که کسی تو را لمس کند در حالی که تو نمی خواهی، یا تو را مجبور کند که او را لمس کنی.

Dacă cineva te atinge unde tu nu vrei să fii atins sau dacă te forțează să îl atingi, este vorba de violență sexuală.

17 Umgangsformen, Konflikte und Probleme

Auch wenn jemand Fotos von dir macht, wenn du nichts an hast (z. B. in der Umkleidekabine) ist das sexuelle Gewalt.

Bir kişi, örneğin soyunma odasında sen çıplakken senin fotoğrafını çekerse bu da cinsel şiddettir.

عندما يأخذ شخص ما صور لك وأنت دون ملابس (على سبيل المثال في مكان تبديل الملابس)، فإن ذلك بمثابة عنف جنسي.

خشونت جنسی همچنین زمانی است که کسی از تو عکس می گیرد در حالی که چیزی بر تن نداری (مثلا در رختکن)

Este tot violență sexuală dacă cineva îți face poze când ești dezbrăcat (de exemplu într-o cabină de probă).

Du darfst „Nein!" sagen, wenn du etwas nicht möchtest!

Bir şeyi istemiyorsan "Hayır!" diyebilirsin!

من حقك أن تقول "لا" عندما لا ترغب بشيء ما.

وقتی چیزی را نمی خواهی، می توانی "نه" بگویی.

Ai dreptul să spui „Nu!" când nu dorești ceva!

Sexuelle Gewalt kann auch im Internet stattfinden, z. B. wenn dich jemand nach Nacktbildern fragt. Das nennt man Cybergrooming und ist strafbar.

Örneğin birisi internette, senin çıplak resimlerinin olup olmadığını sorarsa, bu da sanal ortamda cinsel tacizdir ve yasalara göre suçtur.

يحدث العنف الجنسي على صفحات الإنترنت أيضاً، فعلى سبيل المثال عندما يطلب منك شخص صور عارية. يُدعى ذلك "الجنس عن طريق الانترنت" ويعتبر جنحة يعاقب عليها القانون.

خشونت جنسی همچنین میتواند در اینترنت رخ دهد، مثلا زمانی که کسی از تو درخواست عکس های برهنه می کند. به این می گویند سوء استفاده ی جنسی اینترنتی از بچه ها و قابل تعقیب و مجازات است.

Violența sexuală se poate petrece și pe internet, de exemplu atunci când cineva îți cere poze în pielea goală. Acest lucru se numește cybergrooming și se pedepsește conform legii.

Bitte hol dir Hilfe, auch wenn es ein Geheimnis bleiben soll.

Senden sır olarak gizli kalması istense bile, gerektiğinde yardım iste.

أطلب المساعدة حتى ولو كان الأمر يتطلب الحفاظ على السر

لطفا کمک بگیر، حتی زمانی که آن بایستی مخفی بماند.

Te rugăm să ceri ajutorul chia

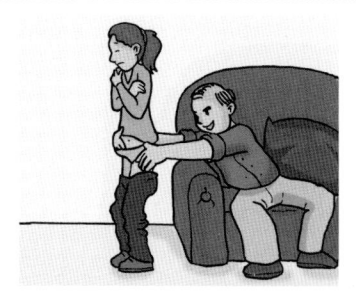

Zu Hause fasst mich jemand an Stellen an, wo ich das nicht möchte. Ich muss diese Person auch anfassen.

Evde, bir kişi, isteğim dışında vücudumun özel yerlerine dokunuyor. Beni de onun vücudunun özel yerlerine dokunmaya zorluyor.

في البيت يقوم شخص بلمسي في مناطقٍ حيث لا أريد، ويرغمني على أن ألمسه أيضاً.

در خانه کسی قسمتهایی از بدن من را لمس می کند که نمی‌خواهم. من هم مجبور هستم این شخص را لمس کنم.

Acasă cineva mă atinge în locuri unde nu doresc să fiu atins. Și eu trebuie să ating această persoană

17 Umgangsformen, Konflikte und Probleme

Ein Lehrer / Erzieher fasst mich an Stellen an, wo ich das nicht möchte. Ich muss diese Person auch anfassen.

Bir öğretmen / eğitimci, isteğim dışında vücudumun özel yerlerine dokunuyor. Beni de onun vücudunun özel yerlerine dokunmaya zorluyor.

يلمسني مدرس أو مربي في مناطق حيث لا أريد، ويرغمني على أن ألمسه أيضاً.

یک معلم / مربی جاهایی در من را لمس می کند که نمی خواهم. من هم مجبور هستم که این شخص را لمس کنم.

Un profesor / educator mă atinge în locuri în care nu doresc să fiu atins. Și eu trebuie să ating această persoană.

Ein Mitschüler fasst mich an Stellen an, wo ich das nicht möchte. Ich muss diese Person auch anfassen.

Bir okul arkadaşım isteğim dışında vücudumun özel yerlerine dokunuyor. Beni de onun vücudunun özel yerlerine dokunmaya zorluyor.

يلمسني تلميذ في مناطق حيث لا أريد، ويرغمني على أن ألمسه أيضاً.

یک از هم مدرسه‌ای‌ها قسمت‌هایی از بدن من را لمس می کند که نمی‌خواهم. من هم مجبور هستم این شخص را لمس کنم.

Un coleg de clasă mă atinge în locuri în care eu nu doresc să fiu atins. Și eu trebuie să ating această persoană.

Alkohol

Alkollü içecekler

المشروبات الكحولية

نوشیدنی الکلی

Alcool

Rauchen

Sigara

التدخين

سیگار کشیدن

Fumat

Was?

Ne?

ماذا؟

چه؟

Ce anume?

Wie viel?

Kaç?

كم مرة؟

چقدر؟

Cât de des?

Computer (Internet, Spiele)

Bilgisayar (internet, bilgisayar oyunları)

الكمبيوتر (الإنترنت، والألعاب)

کامپیوتر (اینترنت، بازیها)

Computer (internet, jocuri)

Wie viele Stunden am Stück?

Arka arka kaç kaç saat?

كم ساعة في المرة الواحدة؟

هر بار چند ساعت؟

Câte ore o dată?

17 Umgangsformen, Konflikte und Probleme

Mobbing
Mobbing (Psikolojik taciz)
التحرش المعنوي
زورگیری و آزار و اذیت
Mobbing

Mobbing ist regelmäßiges Ärgern, Beleidigen und Bedrohen über einen längeren Zeitraum.
Taciz, bir başkasını sürekli kızdırma, hakaret ve tehdit etmek demektir.
العربدة هي المضايقة والإهانة والتهديد بشكل منتظم خلال فترة زمنية طويلة.
خشمگین کردن، توهین کردن و تهدید کردن به طور مداوم در یک بازه‌ی زمانی بلند مدت، آزار و اذیت و تعرض است.
Mobbing înseamnă tachinare, insultare și amenințare regulată, pe o durată mai lungă.

Ich habe mitbekommen, dass du jemanden mobbst.
Senin bir başkasını taciz ettiğini öğrendim.
سمعت أنك تضايق أحد الناس.
من متوجه شده ام که تو کسی را اذیت می کنی.
Am aflat că hărțuiești pe cineva (mobbing).

Ich habe mitbekommen, dass du mit einer Gruppe mobbst.
Senin bir grup ile birlikte başkalarını taciz ettiğini öğrendim.
سمعت أنك تضايق أحد الناس بالاشتراك مع مجموعة.
من متوجه شده ام که تو همراه با گروهی قلدری و اذیت می کنید.
Am aflat, împreună cu o grupă, agresați pe cineva (mobbing).

Ich habe mitbekommen, dass du gemobbt wirst.
Senin taciz edildiğini öğrendim.
سمعت أنك تتعرض للمضايقة.
من متوجه شده ام که تو مورد اذیت و آزار واقع شدی.
Am aflat că ești victimă a mobbingului.

Cybermobbing ist z. B., wenn man über längere Zeit gemeine E-Mails oder SMS bekommt oder verschickt.
Sürekli olarak rahatsız edici e-postalar veya telefondan mesaj almak veya göndermek siber tacizdir.
المضايقة الإلكترونية تحدث عندما يصل أو يرسل شخص ما إيميلات أو رسائل جوال سيئة على فترة زمنية طويلة.
آزار و اذیت اینترنتی زمانی است که به عنوان مثال، شخص به مدت طولانی ایمیل ها یا اس ام اس های تند و زننده و شرم آور دریافت کند یا بفرستد.
Cybermobbing este atunci când cineva primește sau trimite, pe o perioadă mai lungă de timp, email-uri sau SMS-uri răutăcioase.

17 Umgangsformen, Konflikte und Probleme

In Deutschland herrscht Schulpflicht. Fehlen ohne Entschuldigung (Schulschwänzen) ist nicht erlaubt.
Almanya'da okula devam mecburiyeti vardır. Özürü olmadan okula gelmemek yasaktır.
التعليم في ألمانيا إلزامي. الغياب عن المدرسة (التهرب المدرسي) ممنوع.
در آلمان سوادآموزی اجباری است. غیبت غیرموجه (غیبتِ مدرسه) ممنوع است.
Învățământul este obligatoriu în Germania. Absența fără scutire (absenteismul) nu este permisă.

Warum schwänzt du den Unterricht?
Neden okula gelmiyorsun?
لماذا تتهرب من الدروس؟
چرا از کلاس درس گریزانی؟
De ce lipsești nemotivat de la ore?

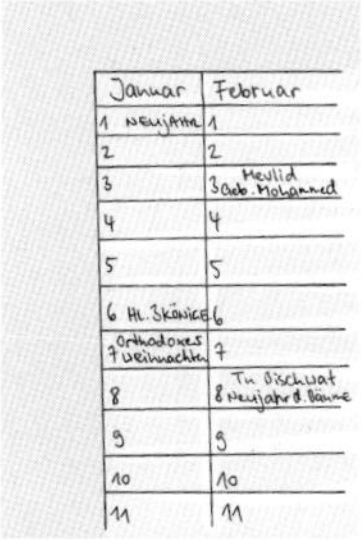

Auch an vielen religiösen Feiertagen besteht Schulpflicht. Ausnahmen sind nur in Absprache möglich.
Birçok dini bayram günlerinde de okula gitme zorunluluğu bulunmaktadır. Okula gelmemek sadece okul yönetiminin izniyle mümkündür.
في العديد من المناسبات الدينية يوجد إلتزام بالمدرسة، والاستثناءات ممكنة بعد الاتفاق فقط.
همچنین در خیلی از تعطیلات مذهبی الزامِ حضور در مدرسه وجود دارد. استثناها فقط در صورت توافق امکان پذیر هستند.
Obligația de a merge la școală există și în multe zile de sărbătoare religioasă. Excepțiile sunt posibile numai în urma unui acord al școlii.

Die Schule informiert deine Eltern.
Okul, ailene haber verecektir.
المدرسة تبلغ والديك.
مدرسه والدینت را مطلع می کند.
Școala îi informează pe părinții tăi.

Bei regelmäßigem Schulschwänzen kann auch die Polizei kommen.
Okula düzenli olarak gelinmediği takdirde polise haber verilir.
يمكن استدعاء الشرطة في حال تكرر التهرب من المدرسة.
در صورت غیبت مداوم از مدرسه حتی پلیس می تواند بیاید.
În situația de abandon școlar poate interveni poliția.

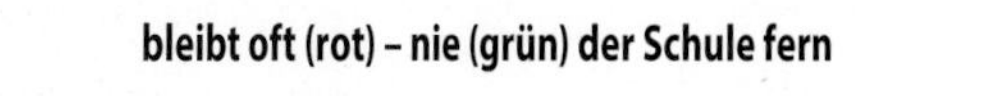

bleibt oft (rot) – nie (grün) der Schule fern
Çocuk sık sık okula gitmiyor / Kırmızı Çocuk okula hep gidiyor / Yeşil
يبقى عادة (أحمر) – أبدا (أخضر) غياب الطفل عن المدرسة
او قرمز/ اغلب - سبز / هرگز از مدرسه غایب می شود
evită școala: adesea / roșu – niciodată / verde

17 Umgangsformen, Konflikte und Probleme

Dort findest du Hilfe / Beratungsstellen:
Yardım / danışmanlık merkezlerinin yerleri:
هنا تجد المساعدة / مراكز الإرشاد:
آنجا کمک / مرکز مشاوره پیدا می کنی.
Acolo găsești ajutor / centre de consiliere:

....
....
....
....
....
....

Diverses
Diğer konular
بنود متنوعة
متفرقه
Diverse

traurig sein und keine Lust haben
üzgün olmak ve canı istememek
حزين وفاقد الرغبة
ناراحت بودن و حوصله نداشتن
a fi trist și lipsit de chef

unruhig sein und nicht lange an einer Sache arbeiten können (ADHS)
huzursuz olup uzun süre bir konu üzerinde çalışamama (ADHS)
غير هادئ ولا يمكنك التركيز لفترة طويلة على أمر واحد (نقص الانتباه والنشاط الزائد).
ناآرام و بی قرار بودن و قادر نبودن به کار و تمرین کردن طولانی روی یک چیز (اختلال کم‌توجهی-بیش‌فعالی)
a fi neliniștit și incapabil de a lucra timp îndelungat la un singur lucru (deficit de atenție și tulburare hiperkinetică)

nicht lange an einer Sache arbeiten können (ADS)
uzun süre bir konu üzerinde çalışamama (ADS)
لا تستطيع التركيز على عمل واحد لفترة طويلة (نقص الانتباه)
قادر نبودن به کار و تمرین کردن طولانی روی یک چیز (اختلال کم‌توجهی)
a fi incapabil de a lucra timp îndelungat la un singur lucru

17 Umgangsformen, Konflikte und Probleme

Rechen-Schwierigkeiten

Matematik Öğrenme Bozukluğu

صعوبة في الحساب

مشکل حساب

Discalculie

Lese-Schwierigkeiten

Okuma Bozukluğu

صعوبات في القراءة

مشکل خواندن

Dislexie citit

Rechtschreib-Schwierigkeiten

Yazma Bozukluğu

صعوبة في ضبط قواعد الضبط والترقيم

مشکل املاء

Dislexie scris

18 | Anregungen für zu Hause
| *Evde yapılabilecekler*
| اقتراحات للبيت
| پیشنهادات برای خانه
| *Sugestii pentru acasă*

Hausaufgaben
Ev Ödevleri
الوظائف المنزلية
تکالیف شب
Teme

Führe ein Hausaufgabenheft.
Ödev defteri tut.
افتح ملفاً للواجبات المدرسية.
یک دفترِ تکالیف منزل درست کنید.
Păstrează un caiet pentru teme.

Mache deine Hausaufgaben immer am selben Platz.
Ev ödevini hep aynı yerde yap.
قم بواجباتك المدرسية دائماً في المكان نفسه.
تکالیف منزل ات را در همان جای خودش انجام بده.
Fă-ți temele mereu în același loc.

Sorge dafür, dass du dich konzentrieren kannst. Räume alles weg, was dich ablenkt.
Konsantre olabilmen için elinden gelen her şeyi yap. Dikkatini dağıtan her şeyi ortadan kaldır.
اهتم بالتركيز، وأبعد الأشياء التي تلهيك.
"سعی کن که بتوانی تمرکز کنی."
Asigură-te că te poți concentra. Înlătură toate lucrurile care te distrag.

Zu Hause gibt es Streit wegen der Hausaufgaben.
Ev ödevleri nedeniyle evde sürekli tartışma çıkıyor.
يوجد صراع في البيت بسبب الواجبات المدرسية.
در خانه به خاطر تکالیف منزل جر و بحث است.
Acasă există certuri legate de teme.

Zeige deinen Eltern im Hausaufgabenheft, was du auf hast.
Ailene ödev defterin ile hangi ödevlerin yapılması gerektiğini göster.
أعرض دفتر الواجبات المدرسية على والديك.
دفتر تکالیف منزل را به والدینت نشان بده.
Arată-le părinților tăi care sunt temele tale, în caietul de teme pentru acasă.

Zeige deinen Eltern die Aufgaben, die du erledigt hast.
Bitirmiş olduğun ödevlerini ailene göster.
اعرض على والديك الواجبات التي أتممتها.
تکالیفی را که انجام داده ای را به والدینت نشان بده.
Arată-le părinților tăi care sunt temele pe care le-ai făcut.

18 Anregungen für Zuhause

Bitte mache deine Hausaufgaben selbst.
Lütfen ödevlerini kendin yap.
الرجاء أن تحل الواجبات المدرسية بنفسك.
لطفا تکالیف منزل را خودت انجام بده.
Te rugăm să îți faci temele singur.

Mache deine Hausaufgaben regelmäßig zur gleichen Zeit, z. B. nach dem Mittagessen.
Ev ödevlerini düzenli olarak aynı saatlerde yap. Örneğin öğle yemeğinden sonra.
قم بواجباتك المدرسية دائماً في الوقت نفسه، فعلى سبيل المثال بعد وجبة الغذاء.
تکالیف منزلت را به طور منظم یک دفعه و در یک زمان مشخص انجام بده، مثلا بعد از نهار.
Fă-ți temele în mod regulat la aceeași oră, de exemplu după masa de prânz.

Mache eine kurze Pause (5 Minuten), bevor du müde wirst.
Yorulmaya başlayınca ödevlere kısa bir ara ver. (5 dakika)
خذ استراحة قصيرة (5 دقائق) قبل أن تتعب.
قبل از این که خسته بشوی، یک استراحت کوتاه بکن (5 دقیقه).
Fă o scurtă pauză (5 minute) înainte să obosești.

In den Lernpausen kannst du:
Ödevlerine ara verdiğin zaman:
في الاستراحات الدراسية يمكن أن:
به هنگام استراحت بین درس خواندن می توانی:
În pauzele de la învățat poți:

ein Glas Wasser trinken
bir bardak su içebilirsin
تشرب كأس ماء.
یک لیوان آب بخوری
bea un pahar cu apă

dich mit deinen Eltern / Geschwistern unterhalten
Anne-babanla / kardeşlerinle sohbet edebilirsin.
تتحدث مع والديك / إخوتك.
با والدینت / خواهر و برادرهایت گپ بزنی.
vorbi cu părinții / frații tăi / surorile tale

eine Konzentrationsübung machen, z. B. eine liegende Acht malen
Konsantrasyon alıştırmaları yapabilirsin. Örneğin yatık bir sekiz çizebilirsin.
تمارس تمرين تركيز، فعلى سبيل المثال رسم ثمانية منحنية.
یک تمرین تمرکز حواس انجام بده ، برای مثال یک علامت بی‌نهایت
face un exercițiu de concentrare, de exemplu să desenezi un opt orizontal

Nach mehreren Arbeitsphasen kannst du eine längere Pause (15 Minuten) machen.
Üst üste yaptığın çalışmalardan sonra daha uzun bir ara verebilirsin (15 dakika).
بعد فترات عمل متعددة يمكن أن تقوم باستراحة أطول (15 دقيقة).
بعد از چندین مرتبه کار و تمرین می توانی یک استراحت طولانی تر (15 دقیقه) بکنی.
După mai multe etape de lucru poți face o pauză mai lungă (de 15 minute).

18 Anregungen für Zuhause

In der längeren Pause kannst du:
Uzun süre ara verirken:
في الاستراحات الطويلة يمكن أن:
به هنگام استراحت طولانی تر می توانی:
În pauza mai lungă poți:

eine Kleinigkeit essen, z. B. eine Banane
ufak tefek bir şeyler yiyebilirsin örn. bir muz
تأكل حاجات صغيرة، موزة على سبيل المثال.
یک چیز مختصر بخوری، مثلا یک موز
mânca o mică gustare, de pildă o banană

dich bewegen – mache z. B. einen Hampelmann oder hüpfe Seil
Hareket et. Örneğin zıpla veya ip atla.
حرك نفسك - كأن تتصرف كالمهرج على سبيل المثال أو أن تقوم بقفز الحبل.
تحرک داشته باش - مثلا دست و پایت را حرکت بده یا طناب بازی کن.
face mișcare, de exemplu sărituri cu forfecare sau cu coarda

Freizeit
Boş zamanlar
وقت الفراغ
وقت آزاد
Timpul liber

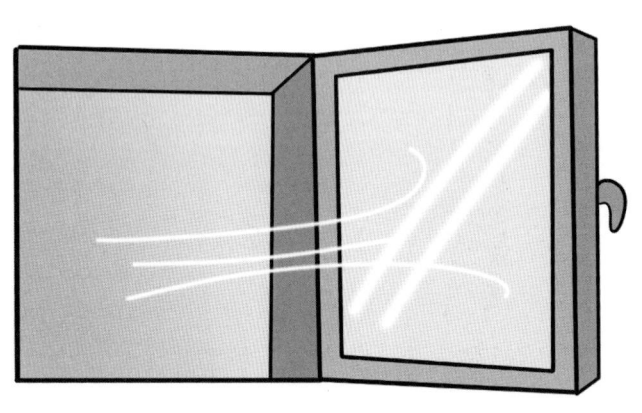

dein Zimmer lüften oder kurz an die frische Luft gehen
odanı havalandır veya kısa bir süre için temiz hava almak için dışarıya çık.
قم بتهوية الغرفة أو أخرج للحصول على بعض الهواء النقي.
هوای اتاقت را عوض کنی یا کوتاه به هواخوری بروی.
aerisi camera sau ieși puțin la aer curat

Wie oft und wie lange bist du täglich am PC?
Günde kaç kere ve hangi süreyle bilgisayar başındasın?
كم مرة وكم الفترة التي تقضيها على الحاسوب؟
روزانه چند بار و چه مدت با کامپیوتر سرگرم هستی؟
Cât de des și cât de mult timp petreci în fața calculatorului?

Zu viel Zeit am PC ist schlecht für die Gesundheit. Lege Zeiten mit deinen Eltern fest.
Bilgisayarın başında uzun süre oturmak sağlığın için zararlıdır. Ailen ile birlikte bilgisayarın başında geçireceğin zamanı belirle.
قضاء فترات طويلة على الحاسب الآلي ضار بالصحة. حدد وقتاً مع والديك.
وقت گذراندن زیاد با کامپیوتر برای سلامتی مضر است. زمان هایی را با والدین ات تعیین کن.
Prea mult timp petrecut în fața televizorului dăunează sănătății. Stabilește programul de vizionare cu părinții tăi.

18 Anregungen für Zuhause

Wie oft und wie lange siehst du täglich fern?
Günde kaç kere ve hangi süreyle televizyon seyrediyorsun?
كم مرة وكم المدة التي تقضيها أمام التلفاز؟
روزانه چند بار و چه مدت تلویزیون نگاه می کنی؟
Cât de des și cât de mult timp petreci în fața televizorului?

Zu viel Zeit vor dem Fernseher ist schlecht für die Gesundheit. Lege Zeiten mit deinen Eltern fest.
Uzun süre televizyon izlemek sağlığın için zararlıdır. Annen / baban ile birlikte ne kadar televizyon izleyeceğine belirle.
قضاء فترات طويلة أمام التلفاز ضار بالصحة. حدد وقتاً مع والديك.
وقت گذراندن زیاد با تلویزیون برای سلامتی مضر است. زمان هایی را با والدین ات تعیین کن.
Prea mult timp petrecut în fața calculatorului dăunează sănătății. Stabilește programul de vizionare cu părinții tăi.

Du solltest nicht länger als ... Minuten vor dem Bildschirm verbringen.
... dakikadan fazla süreyle televizyon seyretmemelisin.
ينبغي عليك ألا تجلس أكثر من ...دقائق أمام الشاشة.
تو نمی بایست بیشتر از ... دقیقه را جلوی مانیتور صرف کنی.
Ar trebui să nu petreci mai mult de ... minute în fața ecranului.

Bist du nachmittags regelmäßig lange allein zu Hause?
Öğlenden sonraları düzenli olarak evde uzun süre yalnız mısın?
هل تظل عادة فترات طويلة اوحدك في البيت في المساء؟
بعد از ظهرها به طور مداوم برای مدت طولانی در خانه تنها هستی؟
Ești deseori în cursul după-amiezei singur acasă, pentru un timp îndelungat?

Verabrede dich mit anderen.
Diğer arkadaşlarınla buluş.
اتفق على الخروج مع الآخرين.
با دیگران قرار بگذار.
Stabilește întâlniri cu alții.

Gehe in die Bücherei.
Kütüphaneye git.
إذهب للمكتبة.
به کتابخانه برو.
Mergi la bibliotecă

18 Anregungen für Zuhause

Bist du schon in einem Verein?
Bir derneğe / kulübe üye misin?
هل أنت مسجل في نادي أو جمعية؟
الان عضو باشگاه و انجمنی هستی؟
Faci deja parte dintr-un club?

Fußballverein
Futbol kulübü
نادي كرة قدم
باشگاه فوتبال
Club de fotbal

Judo- oder Karateverein
Judo veya karate derneği
نادي جودو أو كاراتيه
باشگاه جودو یا کاراته
Club de judo sau karate

Schwimmverein
Yüzme kulübü
نادي سباحة
باشگاه شنا
Club de înot

Tanzverein
Dans kulübü
نادي رقص
باشگاه رقص
Club de dans

Theaterverein
Tiyatro kulübü
نادي المسرح
انجمن تئاتر
Club de teatru

Jugendfeuerwehr
Genç itfaiyeciler derneği
كشافة مطافئ الحرائق
آتشنشانیِ جوانان
Clubul tinerilor pompieri

Musikverein oder Chor
Müzik kulübü veya koro
نادي موسيقى أو جوقة
انجمن موسیقی یا کُر
Club de muzică sau cor

Vereine sind meinen Eltern zu teuer.
Dernek / kulüp üyeliği çok pahalı.
النوادي غالية جداً بالنسبة لوالدي.
باشگاه ها و انجمن ها برای والدین من خیلی گران هستند.
Cluburile sunt prea scumpe pentru părinții mei.

Christina Heiligensetzer, Katharina Gotsch: Bildvorlagen für multikulturelle Schülergespräche
© Persen Verlag

18 Anregungen für Zuhause

Vielleicht kann deine Familie Unterstützung bekommen. Wendet euch an:
Belki ailen destek alabilir. Bunun için lütfen aşağıda belirtilmiş olan yere başvurun:
قد تحصل أسرتك على الدعم, تواصلوا مع:
شاید خانواده ات بتوانند حمایت دریافت کنند. مراجعه کنید به:
Puteți beneficia de sprijin, adresați-vă la:

Familiäre Situation
Aile durumu
الوضع العائلي
۱۴وضعیت خانوادگی
Situația familială

Wie viele Geschwister hast du?
Kaç kardeşin var?
كم عدد إخوتك؟
چند تا خواهر و برادر داری؟
Câți frați și surori ai?

Meine Eltern leben zusammen.
Annemle babam birlikte yaşıyorlar.
يعيش أبي وأمي معاً.
والدین من با هم زندگی می کنند.
Părinții mei locuiesc împreună.

In der Familie gibt es selten Streit.
Ailede çok az kavga olmaktadır.
نادراً ما تحصل مشاكل داخل العائلة
در خانواده به ندرت جر و بحث وجود دارد.
În familia mea există rar certuri.

In der Familie gibt es oft Streit.
Ailede sık sık kavga olmaktadır.
غالباً ما تحدث مشاكل ضمن العائلة
در خانواده اغلب اوقات جر و بحث وجود دارد.
În familia mea există des certuri.

Meine Eltern leben getrennt.
Annem ve babam ayrı yaşıyor.
والداي منفصلان
والدین من از جدا زندگی می کنند.
Părinții mei locuiesc separat.

Meine Mutter / Mein Vater ist gestorben.
Annem / babam vefat etti.
أبي متوفي / أمي متوفية
مادر من / پدر من مرده است.
Mama mea / tatăl meu a murit.

18 Anregungen für Zuhause

Sprache
Dil
اللغة
زبان
Limba

Zu Hause spreche ich …
Evde konuştuğum dil …
في البيت أتحدث...
در خانه من به زبان ... صحبت می کنم.
Acasă vorbesc limba…

In der Schule spreche ich …
Okulda konuştuğum dil …
في المدرسة أتحدث..
در مدرسه من به زبان ... صحبت می کنم.
La școală vorbesc limba…

In der Freizeit / mit meinen Freunden spreche ich…
Boş zamanlarımda / arkadaşlarımla … konuşuyorum
في وقت الاستراحة / أتحدث مع أصدقائي
در وقت آزاد / با دوستانم به زبان ... صحبت می کنم.
În timpul liber / cu prietenii mei vorbesc limba …

hören
Dinleme
السمع
شنیدن
A auzi

sprechen
Konuşmak
التحدث
صحبت کردن
A vorbi

Christina Heiligensetzer, Katharina Gotsch: Bildvorlagen für multikulturelle Schülergespräche
© Persen Verlag

18 Anregungen für Zuhause

lesen
Okuma
القراءة
خواندن
A citi

schreiben
Yazma
الكتابة
خواندن
A scrie

Deutschklasse für jüngere Schüler
Yaşca küçük öğrenciler için Almanca sınıfı
فصل ألماني للتلاميذ الأصغر سنا
کلاس آلمانی برای دانش آموزان سال پایینی
Curs de germană pentru elevii din clasele mici

Deutschklasse für ältere Schüler
Yaşca büyük öğrenciler için Almanca sınıfı
فصل ألماني للتلاميذ الأكبر سنا
کلاس آلمانی برای دانش آموزان سال بالایی
Curs de germană pentru elevii din clasele mai mari

Förderunterricht Deutsch
Ek ders olarak Almanca
حصة دعم في اللغة الألمانية
کلاس تقویتی آلمانی
Curs suplimentar de limba germană

Alle Unterrichtsmaterialien
der Verlage Auer, AOL-Verlag und PERSEN

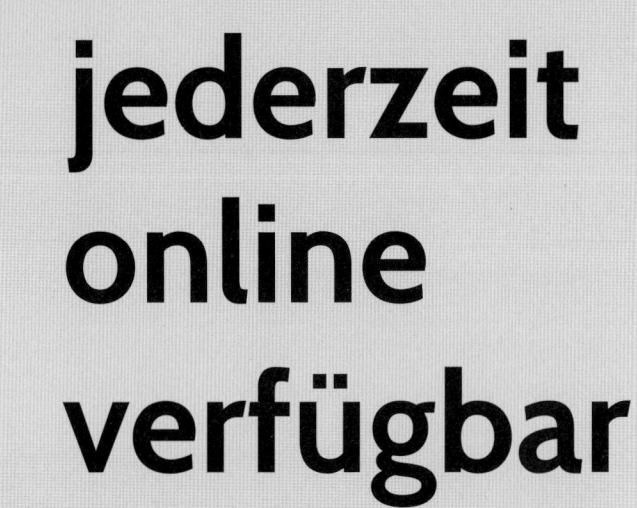

» jederzeit online verfügbar

lehrerbuero.de
Jetzt kostenlos testen!

» lehrerbüro
Das **Online-Portal** für Unterricht und Schulalltag!